Charles de Gaulle

Pierre Miquel

CHARLES DE GAULLE

Fayard/Hachette Jeunesse

© Librairie Arthème Fayard, 1992

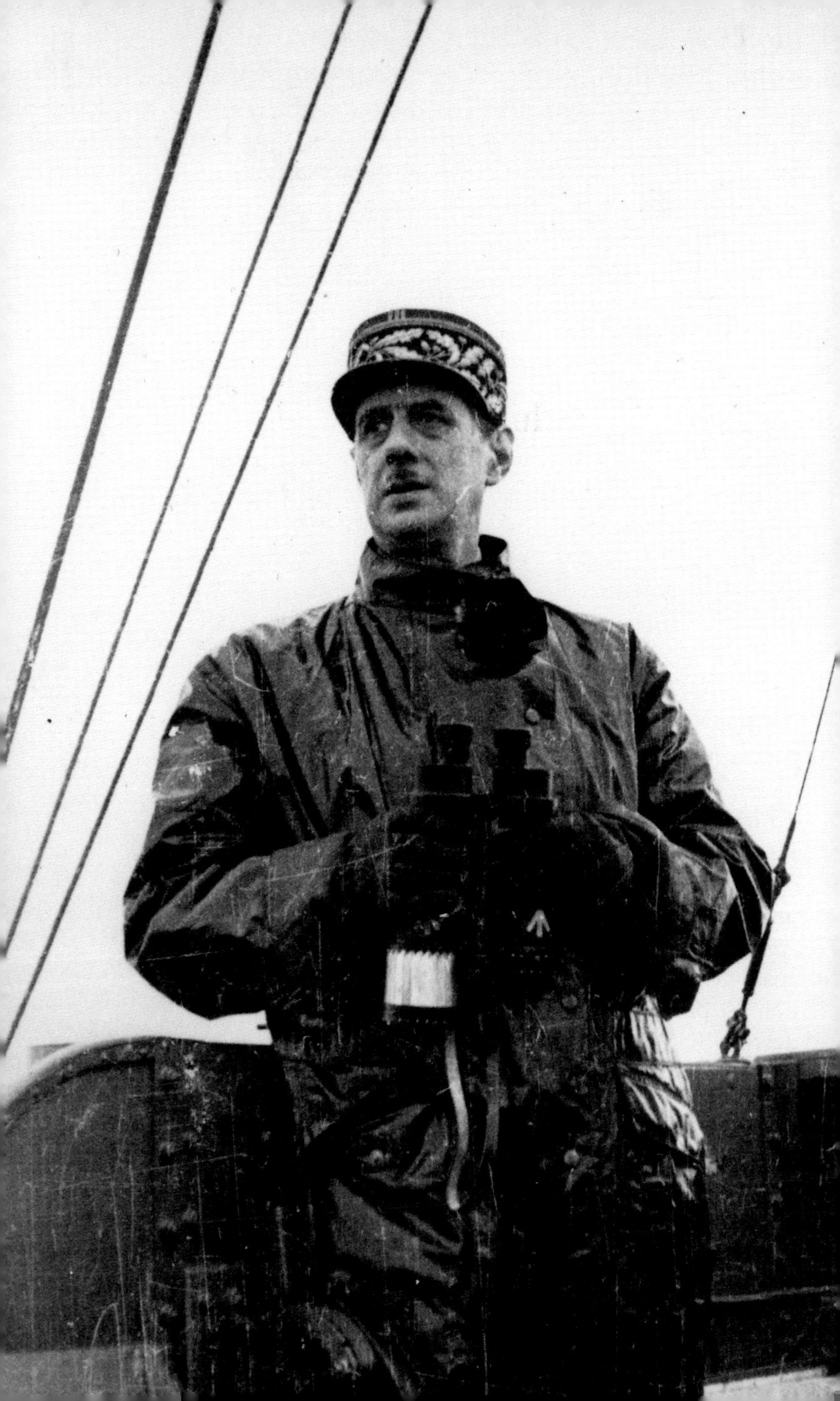

Introduction

Charles de Gaulle est le Français le plus connu à l'étranger. Même au bout du monde, même dans les pays où personne ne sait où placer la France sur une carte, on connaît son nom. Raconter la vie du général de Gaulle, c'est raconter l'histoire de la France depuis l'aube du présent siècle jusqu'à ces toutes dernières années. Car les grands moments de sa vie sont aussi des grands moments d'histoire. Pourtant, rien ne prédestinait Charles de Gaulle à un tel destin. Son enfance, sa formation, sa carrière sont comparables à des milliers d'autres.

Il est né en 1890, dix ans avant la fin d'un siècle marqué par les figures de Napoléon et de Victor Hugo. En province, comme la plupart des grands hommes de notre pays et plus exactement à Lille, «capitale» du Nord. Vingt ans plus tôt, la guerre a mis la France à feu et à sang. Vaincu par l'Allemagne, elle a perdu l'Alsace et

Page ci-contre.
De Gaulle à Londres, à bord d'un navire, vêtu d'un ciré, assistant à des manœuvres navales près des côtes britanniques.

une partie de la Lorraine. L'Allemagne domine l'Europe continentale. L'invasion du pays a laissé dans le cœur des gens du Nord des souvenirs douloureux. À Lille, on craint une nouvelle attaque allemande. Les armées n'ont qu'à traverser la Belgique... Le Nord, comme toutes les régions françaises, ne rêve pas de revanche, et ses habitants sont bien décidés à tout faire pour prévenir une nouvelle invasion.

Lille, c'est aussi la patrie de Faidherbe. Il a créé la colonie du Sénégal, qui fait partie du gigantesque Empire français en Afrique. Car, lorsque de Gaulle vient au monde, la France s'étend bien au-delà de ses frontières actuelles. Elle règne sur de vastes territoires en Afrique mais aussi en Extrême-Orient et compte sur ces colonies pour lutter contre la puissante Allemagne. La France n'a, en effet, pas d'alliés en Europe. En cas de guerre, elle est seule. Ni la Russie, ni la Grande-Bretagne ne se sont encore engagées à la soutenir.

D'une guerre...

1914 : Charles de Gaulle a vingt-quatre ans, il est officier et la guerre vient d'être déclarée contre l'Allemagne. Au début du mois d'août, il est mobilisé dans un régiment d'infanterie de Lille. Il est lieutenant, tout juste sorti de l'école militaire de Saint-Cyr. Il porte un shako à plumet rouge et blanc et des gants blancs. C'est un jeune homme de bonne famille, décidé à se battre pour sauver son pays. La guerre de 1870 n'a pas été très meurtrière mais cette fois, c'est une autre histoire! Les armes modernes, les canons à tir rapide, les mitrailleuses, les fusils à répétition font croire à une guerre rapide mais meutrière.

Introduction

Le jeune de Gaulle ne deviendra pas célèbre en un jour... Et ce n'est pas la Première Guerre mondiale qui en sera l'occasion. Blessé sur le front de Verdun, il est fait prisonnier et envoyé en Allemagne. Là, il a le temps de réfléchir sur le gigantesque conflit qui ensanglante l'Europe. C'est en effet la première grande guerre continentale depuis le début du XIXe siècle qui engage pratiquement toutes les nations.

La guerre est née dans les Balkans provoquée par un conflit entre la Serbie et l'Autriche. Cette dernière prétendait en effet imposer sa domination à la Serbie, peuplée de Slaves, récemment libérée de l'Empire ottoman et qui est soutenue par la Russie (alliée de la France). Les grandes nations n'ont pas réussi à éviter le conflit. L'assassinat de l'archiduc François-Ferdinand, héritier du trône d'Autriche-Hongrie, à Sarajevo, le 28 juin 1914, déclenche l'engrenage des alliances.

La guerre s'installe dans toute l'Europe. Trois empires sont associés : l'Empire allemand, l'Empire austro-hongrois et l'Empire ottoman. En face, les Français sont alliés aux Anglais et aux Russes. Le Tsar a cru bon d'intervenir contre François-Joseph pour sauver la Serbie. Les Français sont entraînés dans une guerre à laquelle ils se préparent depuis des décennies pour recouvrer l'Alsace-Lorraine. Dès le 2 août, les Allemands envahissent la Belgique pour se diriger vers la France.

Comme beaucoup de Français, Charles de Gaulle pense alors que la véritable cause du conflit, c'est la puissance politique, démographique et économique de l'Allemagne. Pour lui, une fois la victoire remportée, il faudra éliminer le danger allemand.

À partir de 1917, le conflit devient mondial. Les États-Unis entrent dans la guerre et

9

envoient en Europe deux millions de soldats. L'intervention des Américains n'est-elle pas dangereuse pour l'Europe? Ne risquent-ils pas de devenir trop puissants et d'imposer leur volonté après la guerre? En Allemagne, le capitaine de Gaulle médite sur l'avenir de l'Europe et sur le sort particulier de la France.

En 1918, l'Allemagne capitule : la guerre est finie. Le traité de paix signé à Versailles quelques mois plus tard affaiblit l'Allemagne et l'ampute de vastes territoires. L'Alsace et la Lorraine redeviennent françaises, tandis qu'à l'est, l'Allemagne cède une partie de son territoire à la Pologne. Comme beaucoup d'autres Français, le jeune de Gaulle est déçu par cette paix qui ne garantit pas la sécurité à la France. Il faut désormais équiper les empires coloniaux, pense-t-il, pour que la France puisse résister à la puissance future de l'industrie allemande. Il n'a pas encore eu l'occasion de jouer un grand rôle : sait-il qu'il lui faudra patienter plus de vingt ans pour faire connaître son nom?

... à l'autre

1940 : de Gaulle a cinquante ans. La Seconde Guerre mondiale est déclarée depuis plusieurs mois. L'armée allemande, la Wehrmacht d'Hitler, vient à bout, en quelques semaines, de la puissante armée française. La ligne Maginot, construite pour protéger la frontière, n'a servi à rien. Les Allemands l'ont contournée par le nord en utilisant des blindés et des avions.

Depuis dix ans, de Gaulle réclame la constitution de divisions blindées. C'est, selon lui, le seul moyen de lutter à armes égales contre la machine de guerre ennemie. Il a écrit à tous les généraux. Personne ne veut l'entendre. Il explique, en vain, que la guerre future ne sera pas défensive comme celle de 1914-1918. Les armes modernes, l'aviation et surtout les blindés, ne permettent-elles pas de prendre l'initiative et d'attaquer?

Peu de gens l'écoutent, et c'est avec beaucoup de réticences que l'on finira par lui donner raison. En 1940, quatre divisions blindées françaises sont en ligne et de Gaulle a l'honneur de commander l'une d'entre elles.

Mais l'armée allemande est trop entraînée et équipée. Rien ne peut s'opposer à l'avance de ses chars. La défaite est irrémédiable. De Gaulle entre dans le gouvernement présidé par Paul Reynaud. Il est trop tard pour renverser la situation sur le front français, affirme-t-il, mais on peut envisager de se battre en Afrique, aux côtés des Britanniques. La France n'a-t-elle pas là-bas un immense empire? De Gaulle veut continuer le combat, mais ceux qui l'écoutent sont peu nombreux. Le gouvernement signe l'armistice. L'armée allemande occupe la France.

De Gaulle rejette cet armistice. Il part pour Londres d'où il lance, le 18 juin 1940, sur les ondes de la BBC, son célèbre appel à continuer la lutte. C'est un message d'espoir. La guerre est mondiale, affirme-t-il. L'Allemagne ne peut prétendre à la victoire avec ses alliés italien et japonais. Les nations de l'Atlantique seront bientôt soudées dans un combat commun!

Il prévoit ainsi l'entrée en guerre des États-Unis qui n'aura lieu qu'un an et demi plus tard. Pourtant, il est seul face à la plupart des responsables français qui croient à la victoire de Hitler en Europe et à la défaite de l'Angleterre. Pourquoi, en effet, les États-Unis cesseraient-ils d'être neutres alors que le président Roosevelt vient d'être réélu en affirmant que les Américains resteront à l'écart du conflit? De Gaulle, lui, réfléchit : il parie sur l'aide américaine; son appel n'est sans doute pas entendu par beaucoup de monde. Mais il le fait entrer dans l'histoire.

Le retour du général

1958 : de Gaulle a soixante-huit ans. Il vit retiré dans le petit village de Colombey-les-Deux-Églises depuis douze ans. Depuis quatre, la France est déchirée par la guerre d'Algérie. Plus de 500 000 jeunes Français sont partis combattre en Afrique du Nord. Le 13 mai 1958, à Alger, les Français d'Algérie, soutenus par les chefs militaires se révoltent contre le gouvernement français. Le risque de guerre civile est grand. Faible et divisé, le gouvernement de la IVe République ne peut maîtriser l'insurrection. Les hommes politiques et les généraux se tournent alors vers Colombey-les-Deux-Églises. De Gaulle veut-il revenir au pouvoir?

Personne d'autre que lui ne peut régler le conflit algérien. Il le sait parfaitement. Alors, il met une condition à son retour : les institutions devront être modifiées; il faut instaurer une nouvelle République. Il veut ainsi profiter de la crise pour imposer un changement de régime. Les hommes politiques n'ont pas le choix : ils acceptent.

La IVe République est morte; la Ve République, qui est toujours la nôtre, s'installe. Ce régime donne au président de la République des pouvoirs étendus et limite ceux du Parlement. De Gaulle est élu président de la République : il a les mains libres pour régler le conflit algérien.

Rétablir la paix en Algérie est une entreprise difficile. Il y a, là-bas, un million de Français installés depuis plusieurs générations : les pieds-noirs. Pour eux, l'Algérie c'est la France. Il n'est pas question d'abandonner la colonie...

Mais le conflit s'envenime. Et de Gaulle finit par penser que le retour des Français d'Algérie est inévitable. Il prend alors le parti de la décolonisation. La France, en accordant l'indépendance à ses colonies d'Afrique noire et à l'Algérie, deviendra, espère-t-il, le modèle de toutes les nations éprises de liberté. Le monde est alors dominé par l'URSS et les États-Unis. De Gaulle propose une voie originale aux pays du tiers monde : celle de l'indépendance économique et politique. Il veut assurer l'appui de la France à tous les peuples menacés dans leur liberté ou simplement soucieux, comme le Québec, d'affirmer leur identité. En donnant à la France les moyens de demeurer une puissance mondiale, de Gaulle poursuit un grand dessein : redonner à son pays le sens de la grandeur et de l'espoir. 1958 est comme 1940, une date essentielle de l'histoire de France. Reste à dresser le portrait du général et à retracer son action, à la lumière de ces deux événements qui l'ont fait entrer dans l'Histoire...

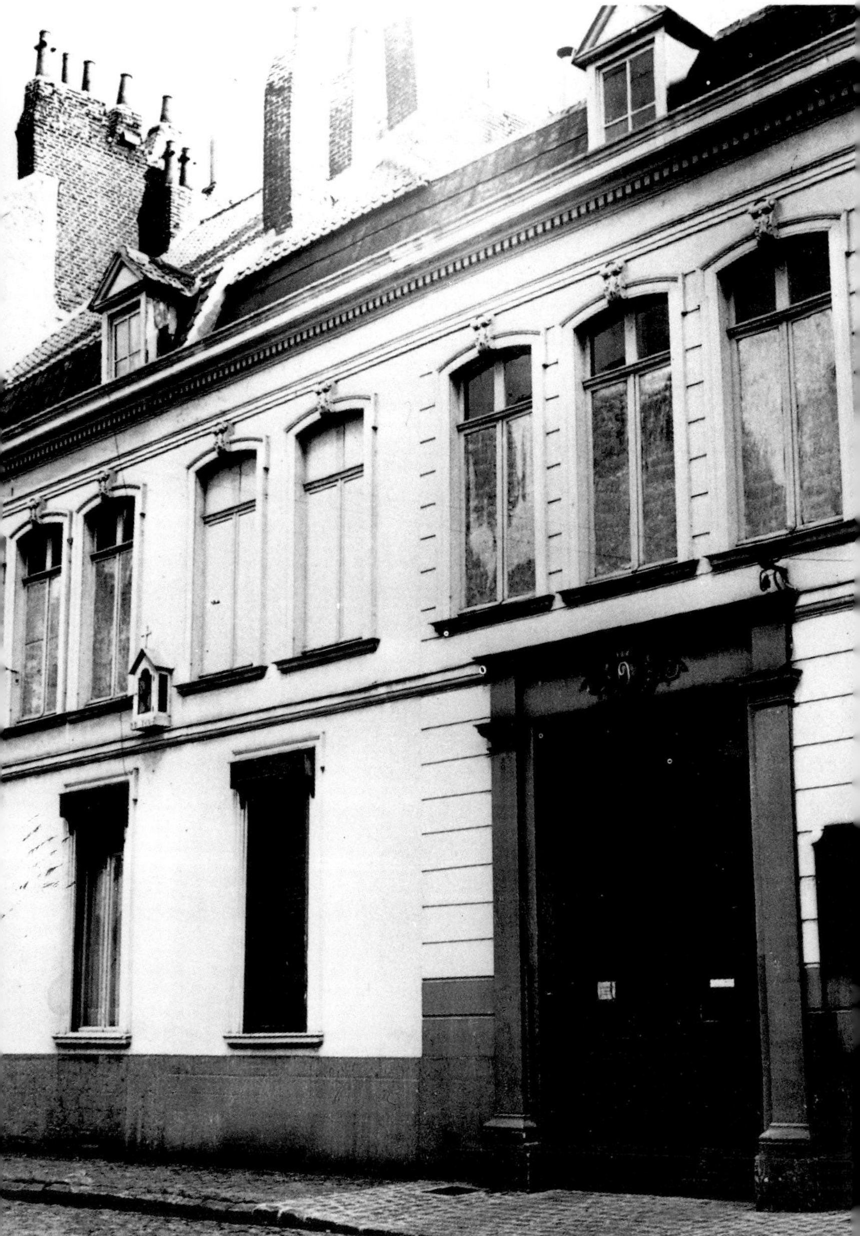

Jusqu'à l'âge de quatorze ans, ses résultats scolaires sont moyens. Il réussit moins bien que son frère Xavier, toujours premier. C'est un enfant un peu chétif, blond, volontiers bavard. Sur une photographie de classe, on le voit vêtu de sa tenue d'école : un pantalon clair, une veste à brandebourgs, une casquette. À dix ans, il n'a pas encore accompli sa croissance et est plus petit que ses camarades de classe.

Les professeurs de Charles sont presque tous des prêtres; son censeur est un préfet ecclésiastique. Cette éducation sévère est conforme aux idées de ses parents. Jeanne, sa mère, est une femme pieuse qui veille à la bonne éducation de Charles, de ses frères et de sa sœur. À la maison,

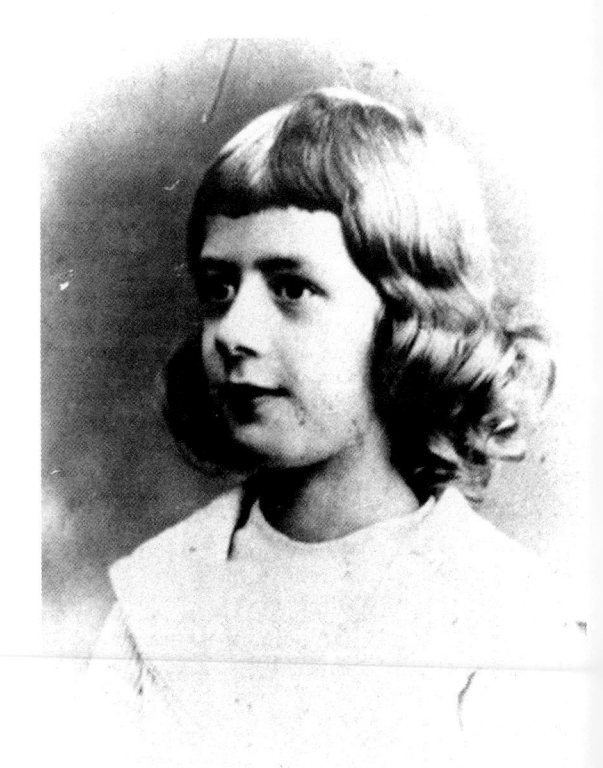

Le petit Charles âgé de deux ans.

les distractions sont plutôt rares. Les fréquentations sont strictement surveillées. La première communion est un moment important et chacun s'y prépare avec sérieux.

Comme une bonne partie des jeunes bourgeois parisiens, Charles est éduqué dans le respect des pratiques religieuses. Tout jeune, il visite avec son père le cloître des Carmes, près du collège de l'Immaculée-Conception; il lui raconte le massacre des prêtres pendant la Révolution.

Le jeudi, il va écouter les concerts de musique des gardes républicains au kiosque du jardin du Luxembourg, près de chez lui.

L'été, toute la famille passe ses vacances à Boulogne-sur-Mer dans le Pas-de-Calais. Charles est un privilégié... À l'époque, ceux qui partent en vacances sont peu nombreux. Mais Henri de Gaulle est professeur. Il a de longs congés au cours desquels il lit ou prépare ses cours pour la rentrée.

Déjà la passion des armes

Charles s'entend bien avec son frère Xavier. Ils jouent souvent ensemble et aiment surtout les exercices physiques. Pendant les vacances, la construction de fortifications dans le sable est un de leurs jeux favoris. Ils organisent aussi d'immenses batailles avec des soldats de plomb. Car Charles raffole des petits soldats. Il les achète à Paris, place Saint-Sulpice, chez Mignot. La vitrine du magasin le fait rêver. Des collections complètes s'y alignent : des pioupious en pantalons garance, des spahis en gandouras blanches, des cuirassiers rutilants, des dragons armés de lances de bambou et même des petits canons creux à ressorts qui peuvent tirer des allumettes! Charles et son frère achètent des soldats français mais aussi des soldats allemands coiffés de casques à pointe et peints d'une couleur verte proche du caca d'oie. Ils les répartissent en deux camps, le français et l'ennemi. C'est toujours Xavier qui hérite du camp allemand. Un jour, il demande à changer : «Jamais! lui répond Charles, outré. Je ne veux être que la France!»

Charles est déjà un patriote convaincu. Les récits, souvent illustrés, de la guerre de 1870 sont alors très répandus dans les familles. Après les premières défaites, les Français de l'Est et du Nord, et ceux des armées de la Loire n'ont pas voulu s'avouer vaincus. Ils ont cherché une revanche héroïque dans des combats souvent désespérés. Les livres que Jeanne de Gaulle lit à ses enfants exaltent le courage et le sacrifice de ceux qui ont résisté aux armées allemandes.

Charles est patriote, mais s'intéresse-t-il à la politique? Il est trop jeune pour se souvenir de

Jeanne de Gaulle, vers 1890 et Henri de Gaulle, en 1886. Ils élèveront leurs enfants dans la religion et le respect des traditions.

l'affaire Dreyfus. Il n'a en effet que quatre ans lorsque le capitaine Dreyfus est accusé d'espionnage au profit de l'Allemagne et condamné au bagne en 1894. Il ne sera gracié qu'en 1899 par le président Loubet et réhabilité seulement en 1906. L'Affaire a déchaîné les passions et divisé la France en deux camps, les dreyfusards, partisans de Dreyfus, souvent républicains, et les antidreyfusards, convaincus de sa culpabilité et surtout hostiles au régime.

Henri de Gaulle enseigne le grec et le latin, mais aussi la philosophie et l'histoire : il n'est pas dans le camp des antidreyfusards. C'est un catholique tolérant qui pense que le fait d'être juif ne constitue pas une preuve de la culpabilité du capitaine Dreyfus. Comme tous les enfants, Charles pense sans doute comme son père...

Charles a quinze ans quand Maurras fonde le mouvement d'extrême droite appelé Action française, qui accuse la République d'être responsable de tous les maux de la France.

Le patriotisme des de Gaulle ne les pousse pourtant pas dans le camp de la droite ultranationaliste. Il incite ces monarchistes à la modération et à plaider pour l'unité nationale. Plus tard, en 1913, ils soutiendront Poincaré, élu président de la République, un homme de l'Est désireux de rassembler les Français autour du drapeau bleu-blanc-rouge, quelles que soient leurs tendances. À la différence des jeunes gens de bonne famille élevés chrétiennement et destinés au métier des armes, Charles n'est pas fasciné par Maurras.

Un stratège en culottes courtes

Charles rêve d'être soldat. Très vite, il comprend que, pour réussir, il faut étudier et travailler d'arrache-pied. Il se lance alors sur les traces de son frère, le bon élève. Il se passionne pour les mathématiques, mais aussi pour le latin et le grec qui permettent de se préparer à la rhétorique (ainsi appelle-t-on l'année d'étude qui mène à la première partie du baccalauréat).

En 1905, Charles a quinze ans. Une menace de guerre pèse sur l'Europe. L'Allemagne et la France se querellent au Maroc. Delcassé, le ministre français des Affaires étrangères, vient de conclure un traité d'alliance avec la Grande-Bretagne connu sous le nom d'Entente cordiale (1904). Ce traité s'ajoute au traité d'alliance franco-russe signé quelques années plus tôt, en 1892. La France peut désormais compter sur l'aide des Anglais et des Russes : elle n'est plus isolée face à l'Allemagne.

L'histoire militaire passionne Charles. En classe, il montre très vite une étonnante maîtrise des exercices de stratégie imaginaire. Il sait parfaitement prévoir le déroulement d'une bataille, le déplacement des armées, l'évolution du combat. En 1905, il imagine ainsi une situation de guerre franco-allemande pour 1930 et décrit les principaux épisodes de la bataille.

Les deux armées françaises se portent aux frontières : elles sont commandées par le «général de Gaulle» et le général de Boisdeffre, célèbre pour avoir négocié l'alliance franco-russe. De Gaulle se donne pour objectif de dégager Nancy, assiégée par les armées allemande. Ses soldats «fondent comme des fous sur l'ennemi», écrit-il. Ils gagnent toutes les batailles à la baïonnette et au canon. Charles y détaille les pertes humaines comme s'il tenait vraiment à jour le journal de route d'un régiment. Il donne même des noms aux officiers allemands!

La partie décisive se joue sous les murs de la ville de Metz que les Français rêvent de reconquérir. La citadelle est emportée après une lutte

L'enfant de Lille

Charles, âgé de douze ans, et ses condisciples sont en classe de 4ᵉ au collège de l'Immaculée-Conception en 1902.

acharnée. De Gaulle mène son armée à la victoire malgré le général de Boisdeffre qui commet «des fautes impardonnables». Charles donne le détail des plans d'attaque, la liste des unités engagées dans le combat et leur parcours.

Il imagine la dernière scène en se souvenant de ses lectures d'enfant. Les Allemands, réduits au désespoir, sont «noirs de poudre, défigurés par le sang» : c'est la réplique exacte de l'épisode des «dernières cartouches» de la bataille de Sedan en 1870 tel que le lui a raconté sa mère. Mais cette fois les Allemands sont à la place des Français qui remportent la victoire.

Les efforts de Charles sont récompensés : à dix-sept ans, il obtient son baccalauréat. Son père l'envoie alors chez les jésuites du collège du Sacré-Cœur, à Antoing, en Belgique. La séparation d'avec sa famille est dure, mais cet exil est nécessaire. En effet, les jésuites enseignent admi-

> * L'École spéciale militaire a été créée en 1802. Elle prépare les futurs officiers de l'armée de terre et est accessible par concours.

rablement les mathématiques élémentaires qui sont indispensables pour réussir le concours d'entrée à l'École militaire de Saint-Cyr*. Or les jésuites ont été expulsés de France par le gouvernement en 1906, lors de la séparation de l'Église et de l'État. Charles part donc avec son jeune frère, Jacques, qui a quinze ans et est inscrit dans le même établissement.

Charles n'est plus l'enfant chétif d'autrefois. Il est grand, solide et fort. Les jésuites ne passent rien à leurs élèves et leur imposent un effort soutenu en mathématiques et en lettres. Ils entretiennent leur vocation en leur faisant le récit des exploits des grands militaires, comme par exemple le lieutenant de Saint-Hilaire, ancien élève de l'école des jésuites de Versailles, tué à la frontière franco-algérienne.

Premiers contacts avec l'Allemagne

«Charles est faible en allemand? Envoyons-le passer ses vacances en Allemagne!», décide Henri de Gaulle.

Charles passe donc à Rieden, dans la Forêt-Noire, l'été de ses dix-huit ans. Dans une lettre à ses parents, il raconte sa discussion avec le commissionnaire qui portait sa malle et qui lui a raconté le siège de Strasbourg de 1870. Il explique aussi combien il a été marqué par les très nombreux monuments aux morts des villages badois. Il parle aussi de la presse allemande qu'il a lue avec attention et a trouvée très montée contre la France à propos du Maroc. Selon lui, la situation n'est pas très rassurante. «Il y a quelque chose de changé en Europe depuis trois ans», s'inquiète-t-il. «Je pense aux malaises qui précèdent les grandes guerres.»

L'enfant de Lille

Dans une autre lettre, il rassure sa mère en écrivant qu'il entend tous les jours à 7 heures la messe du vicaire, et le dimanche, la grand-messe et les vêpres. À dix-huit ans, Charles est donc toujours aussi pratiquant. Les études et l'internat chez les jésuites ne l'ont pas détourné de sa foi.

Il raconte qu'il a aperçu avec émotion Belfort du haut de la cathédrale de Fribourg. Belfort est la seule ville alsacienne restée française en 1871. Ses parents sont rassurés : bien que Charles ne parle pas de ses progrès en allemand, il n'a perdu ni ses sentiments chrétiens ni sa passion patriotique...

Pour la rentrée scolaire de 1908, Charles ne retourne pas en Belgique. Il rentre à Paris où son père l'a inscrit au collège Stanislas. Proche du jardin du Luxembourg, le collège n'est pas loin de l'établissement où Henri de Gaulle est

Le jeune Charles de Gaulle en classe de mathématiques élémentaires chez les jésuites en Belgique. Une connaissance approfondie des mathématiques et une très solide culture humaniste sont indispensables pour préparer le concours d'entrée à l'École militaire de Saint-Cyr.

professeur. Il peut ainsi aider son fils à préparer le concours d'entrée à Saint-Cyr.

Charles a de bons résultats scolaires. Il brille particulièrement en histoire où il est classé premier. Un devoir est un jour consacré au traité de Francfort. Signé entre la France et l'Allemagne le 10 mai 1871[*], il a mis fin à la guerre et a fixé les conditions de la défaite française, notamment l'abandon de l'Alsace et d'une partie de la Lorraine à l'Allemagne. Charles fait preuve d'une grande précision dans sa copie et d'une vision lucide de la situation de l'Europe. Il se montre sensible aux aspects économiques de la rivalité franco-allemande. Il est indigné par la germanisation forcée de l'Alsace et de la Lorraine. Il démontre avec force que le traité a conduit à un déséquilibre des puissances en Europe.

Le directeur du collège Stanislas ne tarit pas d'éloges sur l'intelligence de Charles de Gaulle en histoire. Il fait aussi preuve d'un bon niveau en philosophie où il est 7e sur 25, ainsi qu'en physique et en chimie. En revanche, il n'est que 11e en mathématiques et est toujours faible en allemand. Grâce à ses efforts acharnés, il finit l'année deuxième de sa classe. Sera-t-il reçu à Saint-Cyr?

Charles se présente au concours mais n'est pas sûr d'avoir réussi les épreuves de mathématiques. La famille retient son souffle tandis que le jeune homme part en vacances sans connaître les résultats. C'est son père qui lui annonce la bonne nouvelle : il est reçu 119e sur 221. Un rang modeste, mais une satisfaction, pour un jeune homme de dix-neuf ans qui passait le concours pour la première fois!

Voilà donc Charles de Gaulle dans la vie militaire. Il s'engage pour quatre ans : l'usage, à cette époque, veut que les élèves passent d'abord

---

[*] Le 10 mai 1871, l'Alsace-Lorraine devenait officiellement allemande. Elle est alors dotée d'un régime d'assimilation qui exclut la langue française au profit de l'allemand.

un an dans un corps de troupe pour connaître la vie des soldats. La destination de Charles le réjouit : le 10 octobre 1909, il est affecté au 33ᵉ régiment d'Arras, non loin de Lille. L'enfant du Nord connaît mal sa région d'origine. Il va désormais pouvoir mieux le connaître.

Enfin militaire !

La vie de soldat est éprouvante. Pourtant, Charles s'adapte bien aux manœuvres et les marches de nuit ne lui font pas peur. Promu caporal en avril 1910, il écrit à son père qu'il accomplit bon pied bon œil des parcours de vingt kilomètres sous la pluie et dans la boue. Il envoie à sa mère des cartes postales représentant des soldats. Après un an d'exercices multiples, il entre à Saint-Cyr avec les galons de sergent pour devenir élève officier d'active au premier bataillon de France (14 octobre 1910).

De nouveau, il patauge tout l'hiver au camp de Satory où il apprend la dure vie du fantassin. «Je fais de l'escrime, du cheval et de la gymnastique», écrit-il à sa mère. «Je vous envoie une photographie du groupe du drapeau de l'école. J'ai la chance d'y être visible», écrit-il à son père. On l'appelle «double mètre» à cause de sa taille car il mesure 1,94 mètre. On le surnomme aussi «Cyrano» à cause de son long nez, ou le Connétable. On le traite parfois d'orgueilleux... En réalité, Charles est timide et réservé et il dissimule ses faiblesses sous une grande arrogance lorsqu'il s'estime menacé.

Il sort treizième de sa promotion (sur deux cent onze) le 1ᵉʳ septembre 1912. Il a vingt-deux ans et est désormais militaire. Il demande à reprendre du service à Arras. Son vœu est exaucé : il est nommé sous-lieutenant au 33ᵉ d'infanterie en octobre 1913 (au moment où

En uniforme de «cyrard».

Poincaré est élu président de la République). La France est toujours en paix, mais les relations avec l'Allemagne sont tendues.

L'enfant de Lille

Les notes de son carnet personnel montrent qu'il se prépare au combat. Devine-t-il que la guerre est proche*? En tout cas, il a déjà une théorie sur la manière dont doit se mener le combat. «Les attaques massives sont nécessaires, explique-t-il, quelle que soit la puissance de l'armement.» Pour lui, la prochaine guerre sera une guerre de mouvement. En fait, il se trompe, mais il n'est pas le seul. Tous les responsables d'état-major, français et allemands, sous-estiment à cette époque l'énorme capacité de destruction des armes modernes.

Pourtant, son colonel ne partage pas du tout ses idées sur la guerre! Il s'appelle Philippe Pétain, il est proche de la retraite et il n'a pas fait carrière. On le surnomme «Précis-le-sec» parce qu'il exige une exécution ponctuelle des ordres. Ses soldats l'aiment bien cependant et louent son humanité. Charles de Gaulle a vite été conquis par l'esprit d'indépendance et le souci d'efficacité de son colonel. Ils déjeunent souvent à la même table. «Charles de Gaulle est très intelligent, affirme Philippe Pétain. Il aime son métier avec passion et est digne de tous les éloges. Il donne les plus belles espérances pour l'avenir.» De Gaulle est jeune. Il sait qu'il partira à la guerre mais il imagine que son colonel aura probablement pris sa retraite lorsque le conflit éclatera. En 1913, personne ne sait que Pétain a encore une grande carrière devant lui, qu'il sera l'un des grands généraux de la Première Guerre mondiale et qu'il établira son pouvoir en France de 1940 à 1944.

De Gaulle a un point commun avec son colonel : il n'est pas tenté par une carrière dans les colonies. En effet, il ne conçoit pas de s'engager en dehors des villes de frontière. C'est au contact des jeunes soldats du contingent qu'il veut se préparer à l'épreuve dont il rêve : la défense du sol national.

* En France, la durée du service militaire est portée à trois ans. La paix règne et pourtant chacun semble se préparer à la guerre.

Une mission : préparer la revanche

L'ancien élève de Saint-Cyr devient, à son tour, professeur. Il veut préparer les soldats à la guerre physiquement, mais surtout moralement. Il leur rappelle la défaite de 1870 contre l'Allemagne. Il leur insuffle l'esprit de la revanche et leur parle du devoir de ralliement autour du drapeau national. «Vous n'êtes plus des hommes ordinaires, enseigne-t-il aux jeunes officiers. Vous êtes des soldats.»

Ses cours sont clairs, simples, directs. «Pourquoi êtes-vous au régiment? Pour défendre la nation, décourager toute agression, éviter une nouvelle invasion!» Charles de Gaulle ne donne pas le nom de l'ennemi, mais tous ses hommes savent très bien que c'est contre l'Allemagne qu'ils devront se battre.

Pour enseigner la discipline, Charles parle de solidarité en terme imagés : «Si je prends un fil de chanvre tout seul et que je le tire un peu fort, il casse. Si j'en prends un autre ensuite, puis un troisième, dix et vingt, il en est de même. Mais si j'enlace tous ces fils ensemble, si j'en fais une corde solide, il n'y a pas moyen de la casser : on peut s'en servir.» Voilà un langage accessible aux jeunes paysans qui composent les troupes! «Et si la guerre éclate, quelles seront les conséquences pour la France?» interrogent les auditeurs.

De Gaulle leur répond sans tricher, en termes simples : «L'armée allemande veut envahir la France et lui prendre d'autres provinces encore et d'autres milliards après avoir saccagé nos campagnes et brûlé nos villes selon son habitude.»

— Mais que veulent les Français?

«Reprendre l'Alsace et la Lorraine, les provinces volées en 1870, et récupérer les cinq milliards, le montant des réparations imposées par le chancelier allemand Bismarck en 1871.»

L'enfant de Lille

Le général Pétain en 1917. Il a pratiquement terminé sa carrière lorsque éclate la Première Guerre mondiale. Il participe à la bataille de la Marne avant de prendre la direction des opérations à Verdun (1916). Sa conduite de la guerre lui vaudra la bâton de maréchal (1918).

— À quoi sert le combat?

«À faire ce que l'on veut et à empêcher l'ennemi de faire ce qu'il veut.»

On ne peut être plus clair! Les Français doivent marcher sur l'ennemi sans faiblir, courir après la victoire, sans s'occuper des blessés que des unités spécialisées viendront recueillir.

La décision dans la bataille exige de la rapidité et de la résolution. C'est ainsi que le lieutenant de

Gaulle enseigne aux recrues du 33ᵉ d'Arras comment ils doivent repousser les Allemands jusqu'à la frontière. Indéniablement, malgré son jeune âge, il sait déjà comment parler aux soldats!

Une seule religion : la patrie

De Gaulle réussit si bien dans sa tâche que le colonel lui demande de parler devant les sous-officiers du régiment. Ce sont des hommes mûrs ayant passé leur vie dans les casernes mais aussi de jeunes soldats qu'il s'agit de bien préparer à une guerre qui s'annonce radicalement différente des conflits précédents. Pour vaincre l'ennemi, il est nécessaire d'insuffler aux cadres un moral élevé : de Gaulle s'en charge. À sa manière...

Il évoque devant les sergents et les caporaux d'infanterie les grandes lignes d'une philosophie qui ne l'abandonnera plus. La religion de la patrie est une religion tout court. On ne la discute pas. Ce ralliement aveugle vaut «cent fois, mille fois mieux qu'un patriotisme qui raisonne trop souvent», affirme-t-il.

Les règles définies par le jeune lieutenant sont simples. Attaquer le service militaire* qui permet à la France de vivre en liberté est un crime de lèse-patrie. Renoncer à la foi patriotique serait porter un coup au moral de la population. On peut parfaitement concevoir une société différente de celle de la France du président Poincaré pourvu qu'elle reste fidèle aux valeurs de ralliement. Enfin, il est impossible d'imaginer une société d'hommes libres s'ils n'ont pas en commun la passion de défendre leur terre, leur langue et leur civilisation.

Dans son élan, de Gaulle s'emporte parfois :

«Certains jeunes gens de notre condition qui ont été élevés comme nous, en même temps que nous et que l'on considère comme les meilleurs, veulent faire croire que l'idée de patrie est

* La durée du service militaire est au centre des débats. Ainsi, en France, elle est portée à trois ans.
En Allemagne, la loi militaire de 1913 fait passer de 700 000 à 850 000 hommes les effectifs en temps de paix.
Avec ses réservistes, elle peut disposer de 1, 5 millions de soldats.

désuète ou périmée. Certains qui sortent de Polytechnique enseignent le mépris du service militaire et dénoncent l'archaïsme du vieux patriotisme. Ils sont coupables! Ils ont tort!»

En effet, pour de Gaulle, personne n'a le droit d'attaquer le patriotisme qui est «le levier qui soulève le monde». C'est grâce à leur patriotisme que les peuples ont, de tous temps, défendu leur indépendance. Et d'évoquer Vercingétorix, Jeanne d'Arc, Duguesclin, le chevalier Bayard sans peur et sans reproche... «Un sentiment qui a su mettre au cœur des hommes une flamme si pure, une source de grandeur aussi abondante, ne peut être rejeté de nos âmes aujourd'hui», proclame-t-il avec ardeur, jour après jour, devant les soldats attentifs.

Pour l'heure, de Gaulle affiche son patriotisme. Plus tard, pendant la Seconde Guerre mondiale, c'est ce même patriotisme qui le poussera à résister à l'envahisseur allemand. On devine déjà le héros de la Résistance sous le képi du lieutenant.

De Gaulle est toujours aussi chrétien : le sacrifice est valorisant, la souffrance bénéfique! Il n'hésite pas à justifier la guerre qui est un mal, certes, mais, selon lui, un mal nécessaire. Et il méprise particulièrement les pacifistes qui «manifestent à tout propos leur crainte de voir couler le sang mais affichent de la sympathie pour ceux qui portent des bombes dans leurs poches».

Ces propos sont alors en accord avec le discours des jeunes gens de droite et des antisocialistes. La critique du pacifisme est à la mode! Défendre la paix à tout prix paraît une hérésie, un crime contre la patrie. Que ferait en effet un pays désarmé face à une invasion ennemie? De Gaulle n'est pas un rebelle... Ses idées sont parfaitement conformes à l'air du temps.

Les mobilisés de 1914 quittent Paris pour rejoindre le front. Tous les états-majors pensent que la guerre sera courte et que tous ces jeunes gens seront revenus dans leur foyer pour Noël.

CHAPITRE DEUXIÈME

L'épreuve du feu

Le 3 août 1914, l'Allemagne déclare la guerre à la France et à la Belgique. À vingt-quatre ans, de Gaulle va connaître sa première guerre.

La veille, il a rejoint la 5ᵉ armée, commandée par Lanrezac, qui fait partie du groupe d'armées du Nord-Est. Il est affecté à la 11ᵉ compagnie du premier bataillon de son régiment. Son chef est le capitaine Maes. Il a un poste de responsabilité puisqu'il commande 200 hommes et est assisté de trois sous-officiers.

La mobilisation des soldats s'accomplit sans bavure. Dans la 11ᵉ compagnie, il manque un seul soldat à l'appel. On vérifie. Ce n'est pas un déserteur, mais un malade, qui rejoindra le régiment dès qu'il sera sur pied. Dans un geste théâtral, de Gaulle a quitté son logement et brûlé tous ses papiers. Pour lui, une nouvelle vie commence.

Lorsque le régiment quitte Arras, dans des wagons de marchandises, les spectateurs ne sont pas nombreux. «Des gens résolus qui retiennent leurs larmes», commente sobrement de Gaulle. En effet, le moment est grave. Les habitants d'Arras ne sont pas enthousiastes, les soldats ne partent pas à la guerre la fleur au fusil.

Le 33ᵉ arrive à Hirson, dans l'Aisne. Dès lors, il faut marcher pour gagner la frontière. Les étapes sont longues, 25, parfois 30 kilomètres par jour, un lourd sac sur le dos. La compagnie de De Gaulle forme l'avant-garde de la 5ᵉ armée de Lanrezac*. Elle ignore tout des positions de l'ennemi. Le danger peut surgir n'importe où, n'importe quand. Les soldats sont inquiets et la marche est éreintante : certains soirs, ils patrouillent bien après la tombée de la nuit avant de pouvoir enfin prendre leur repas. Sans avoir rencontré un seul Allemand, de Gaulle et ses compagnons sont déjà épuisés une semaine seulement après l'entrée en campagne!

* Dès août 1914, les offensives françaises en Alsace et en Lorraine échouent devant la puissance de feu adverse. Les troupes allemandes entrent en Belgique, envahissent le Nord de la France et se dirigent sur Paris.

À Rocroi, citadelle fortifiée des Ardennes, la compagnie apprend que les Français ont pris Strasbourg aux Allemands. La revanche commence! «Vive la France!» s'exclament de Gaulle et sa compagnie. Rocroi est bondé de fantassins français que viennent enfin rejoindre des cavaliers. Le 6ᵉ chasseurs à cheval servira en effet d'éclaireur. Finie la peur d'ouvrir la route et de marcher vers l'inconnu! Toutefois, il n'y a toujours pas d'artillerie alors qu'on entend déjà le canon allemand tonner à l'est.

De Gaulle ignore toujours où se trouve l'ennemi, mais il sait que les Allemands ont repéré son régiment. Un avion de reconnaissance portant la croix de Prusse vient en effet de les survoler. La frontière franco-belge est traversée sans ennui. À Treignes, les Belges les accueillent avec des signes d'amitié. De Gaulle fait saluer leur drapeau et crier «Vive la Belgique!». Puis, son régiment se dirige vers Antée et Surville,

L'épreuve du feu

toujours sans savoir où se trouve l'ennemi. Le 14 août au soir, des ordres leur parviennent : ils doivent aller défendre les ponts de la Meuse tenus par un autre régiment d'infanterie.

Les Allemands ne sont pas encore dans la ville et la compagnie s'installe pour passer la nuit. À l'aube du 15, de Gaulle voit le soleil se lever sur la citadelle de Dinant. Le canon allemand tonne et se rapproche. Le jeune lieutenant est prêt pour sa première épreuve du feu!

La compagnie se dispose dans une tranchée, de part et d'autre d'un passage à niveau. Les balles commencent à siffler. Les Allemands occupent les crêtes. On les voit mal, de loin, mais les feux de tir indiquent leur position. De nombreux hommes sont blessés. Des bruits circulent faisant état de la mort de plusieurs officiers du régiment. Les mitrailleuses criblent de balles les abords de la voie ferrée. Impossible de traverser le passage à niveau. «Pourquoi n'entend-on pas le canon français?» s'inquiète de Gaulle en évitant de regarder le commandant Grasse qui est «pâle comme un mort».

Il faut agir.

«Première section avec moi, en avant!» commande-t-il sans se retourner.

Les hommes passent, quatre par quatre. Quatre d'entre eux sont fauchés à côté de lui. Il trébuche sur le corps du sergent alors que les tirs redoublent d'intensité. Et soudain, un coup de fouet lui traverse le genou : une balle! «Mon vieux, cette fois, tu y es», se dit-il en essayant de se redresser. La douleur est terrible. Il n'a qu'une seule solution, ramper vers un abri. Tirant son sabre, il se traîne dans la rue, cherchant à gagner une maison. Les secondes lui semblent durer des heures.

Il parvient enfin à s'abriter mais il n'est pas seul. Un commandant blessé à la tête l'a précédé.

Progression de l'infanterie en ordre dispersé en Champagne

«Tiens, bonjour lieutenant! lui lance-t-il. Etes-vous content?

— Non, pas content! répond de Gaulle. On nous a lâchés ici sans artillerie. C'est un suicide!»

Le sifflement des balles au-dessus de leur tête s'accentue.

«Nous allons mourir! hurle le commandant. Prions!

— Taisez-vous, vous allez provoquer une panique!»

De Gaulle n'a pas peur : il est furieux!

L'ordre de repli tombe quand le canon français se fait enfin entendre. Au pas de charge, le 73ᵉ d'infanterie entonne le chant du départ pour reprendre le pont et la citadelle que l'ennemi s'empresse d'évacuer. De Gaulle enrage. Il ne peut assister au triomphe en raison de sa blessure. Il grimpe piteusement sur une charrette conduite par un paysan belge qui évacue les blessés vers l'arrière. À côté de lui, un soldat gémit, le corps percé de huit balles. De Gaulle a le pied droit paralysé et la balle est restée dans le genou. On le débarque dans une école où un médecin examine sa blessure. Il faut opérer. On le conduit en voiture à l'hôpital d'Arras : pas de chirurgien. Ils sont tous au chevet des nombreux fantassins qui combattaient sans casques et ont été blessés à la tête. De Gaulle repart. On l'emmène à l'hôpital Saint-Joseph à Paris où la balle est enfin extraite. Puis, on le transfère à Lyon où il va suivre un long traitement de rééducation à l'hôpital Desgenettes. Il enrage et bout d'impatience. Il n'a qu'un seul désir : retourner au combat.

Le 17 octobre, de Gaulle est enfin de retour auprès de ses hommes ; il rejoint le 33e régiment, la rage au cœur. Sa blessure lui a fait manquer la bataille de la Marne* qui s'est déroulée en septembre. C'est sans lui que les Français ont remporté cette série de combats et arrêté la progression de l'invasion allemande. Quelle malchance!

Le feu des canons

Pendant sa convalescence, il a eu le temps de réfléchir. Maintenant, il sait que les Français ont échoué lors des premiers combats contre les Allemands à cause d'attaques trop rapides et mal commandées, et du manque de soutien de l'artillerie à l'infanterie. De plus, les Anglais sont intervenus trop tard et en trop petit nombre. Ces imprudences ont causé la mort d'innombrables fantassins et cadres de l'armée. Dans son propre régiment, beaucoup de chefs de compagnie sont morts ou blessés.

De Gaulle est désormais convaincu que les attaques d'infanterie doivent être soigneusement préparées et renforcées par le feu efficace des canons. Fini les charges à la baïonnette! Privés d'appui, les soldats n'ont aucune chance.

Sans nouvelles de ses frères mobilisés, le jeune lieutenant est inquiet. Il apprend bientôt que

* La victoire française sur la Marne stoppe les Allemands à quelques kilomètres de Paris et les contraint de reculer jusqu'à l'Aisne. Les deux adversaires vont tenter de se déborder par l'ouest provoquant un déplacement du front vers le nord.

Xavier, l'aîné, légèrement blessé, se morfond dans un régiment d'artillerie à pied à Toulon et que Jacques a été blessé du côté de Nancy. Quelques jours plus tard, Pierre lui fait parvenir des nouvelles rassurantes. Charles est soulagé.

Pour l'instant, chacun campe sur ses positions dans les tranchées. De Gaulle s'ennuie! En novembre, les tranchées sont transformées en trous boueux. En décembre, le froid vif le transperce, car la troupe ne peut pas allumer de feu au risque de révéler sa position. On attend sans cesse un ordre d'attaque qui ne vient jamais. L'ennemi tient le territoire et l'armée française ne progresse pas. Les duels d'artillerie de tranchée à tranchée sont pourtant meurtriers. La 7ᵉ compagnie n'a pas encore engagé de combat sérieux, mais elle a pourtant déjà perdu en deux mois un homme sur dix.

De la tranchée, de Gaulle écrit régulièrement à sa mère. Il lui demande des gants fourrés de taille 8, car les siens sont trop petits, des cigares, du papier à lettres et des cure-dents. «J'en ai assez de marcher à quatre pattes pour éviter les balles et de souffler dans mes doigts en battant la semelle pour éviter d'avoir les pieds et les mains gelés! lui raconte-t-il. Le vaincu sera celui qui aura le premier épuisé tous ses moyens moraux et matériels.»

À la mi-décembre, il rejoint l'arrière. Enfin, il va pouvoir dormir dans un lit! Mais rien ne se passe comme il l'a souhaité. Dès l'arrivée de son régiment, les généraux se plaignent de la mauvaise tenue des soldats. De Gaulle ne peut le supporter: «Nom d'un chien!, hurle-t-il. C'est bien naturel! Ils viennent de passer des semaines dans la boue et le gel. Ils ne peuvent pas être tirés à quatre épingles!»

Le repos est de courte durée. Six jours plus tard, il quitte son secteur et rejoint la

Champagne. Il passe la nuit de Noël dans un abri précaire sous les bombardements allemands. Une nouvelle année commence mais les jours se succèdent, sans le moindre événement. Comme tous les «poilus», de Gaulle vit dans les tranchées en attendant l'heure des offensives. Le mois de janvier est particulièrement difficile. Des centaines de soldats tombent malades et sont évacués vers l'arrière. De Gaulle monte en grade. De lieutenant, il est nommé capitaine à titre temporaire.

La guerre s'éternise, il neige... Sa mère lui envoie le grand manteau d'officier bleu sombre qu'il n'a pas emporté. Charles remonte comme il peut le moral de ses hommes. En février, c'est

Très vite, la guerre, que l'on pensait courte, semble devoir durer. Incapables de se déborder, les armées des deux camps s'enterrent dans des tranchées où les conditions sont effroyables : froid intense, dysenterie, perte de moral.

lui qui assure la préparation d'une attaque lancée contre les tranchées allemandes. Elle est meurtrière! Les mitrailleuses allemandes crépitent sur les groupes d'assaut du 33ᵉ régiment et 750 hommes tombent. Le régiment est épuisé mais il parvient à tenir les positions conquises au prix de grands sacrifices.

Début mars, le 33ᵉ régiment est enfin relevé. De Gaulle assure le commandement de l'évacuation vers l'arrière du front malgré une blessure au bras. Elle est légère mais son avant-bras commence à enfler. On ne possède alors aucun moyen de lutter contre la gangrène si elle se déclare. Il faut l'hospitaliser.

Le général Joffre, le président de la République française, Raymond Poincaré, et le roi d'Angleterre, George V, en 1915.

L'épreuve du feu

Après plus de trois mois de convalescence, il rejoint enfin son régiment le 14 juin. Il est cantonné dans le secteur du Bois-Carré, près de Roucy. L'hospitalisation a été longue, mais cette fois, aucune action décisive n'a été engagée pendant son absence. Il retrouve le front comme il l'a laissé. Il dort en première ligne, avec ses hommes et peste contre les artilleurs qui, de l'arrière, tirent trop souvent, par maladresse, sur les lignes françaises : «Ces malins se prélassent dans des abris magnifiques où ils installent des vaisseliers et des bibliothèques! rugit-il. Ils jouent au bridge et font de la photographie. Et quand ils visitent les premières lignes, ils ont l'allure de belle dames qui vont voir les pauvres! C'est insupportable!»

Car la vie en première ligne est loin d'être rose! En novembre, les soldats découvrent les terribles gaz asphyxiants qui provoquent une véritable panique dans les tranchées. De Gaulle donne des instructions précises pour lutter contre ces gaz : avoir des lunettes et des masques, penser d'avance aux gestes qu'il faudra faire en cas d'attaque. Et rester calme quoi qu'il arrive.

Le 2 décembre, on célèbre dans les boyaux l'anniversaire de la victoire d'Austerlitz remportée par Napoléon sur les empereurs d'Autriche et de Russie en 1805. Le 33e régiment y était jadis! Mais le souvenir de la victoire n'empêche pas le moral des soldats d'être au plus bas en cette fin d'année 1915. De Gaulle fait tout pour les encourager. Il punit les sergents-chefs qui s'enivrent et condamne ceux qui ne saluent pas les officiers à manger seuls. La discipline avant tout! Ne doivent-ils pas montrer l'exemple? Il surveille les travaux de fortification et s'assure de l'état du matériel antigaz. Il offre une prime de cinq sous pour tout rat tué. Le 14 février, il écrit à sa mère qu'il va reprendre en main les unités «abruties par un séjour très prolongé dans les tranchées». Selon lui, la victoire dépend autant du moral que du matériel!

Quelques semaines plus tard, le 27 mai 1916, les Allemands lancent une puissante attaque sur Verdun.

Charles est mort...

La bataille qui s'engage est terrible, mais de Gaulle a confiance. «L'ennemi va éprouver une ruineuse et retentissante défaite!», affirme-t-il. Les soldats des deux camps se font face. Le 33e régiment est installé en première ligne, en avant du village de Douaumont, dans la Meuse. Côté allemand, le général von Falkenhayn veut en finir avec l'armée française. Il a fait converger vers Verdun d'innombrables trains bourrés de soldats équipés des armes les plus modernes. Le 2 mars, les Allemands attaquent. L'assaut est fulgurant. Le bataillon commandé par de Gaulle est encerclé. Le capitaine reçoit un coup de baïonnette et perd connaissance. Les Allemands l'entraînent à l'arrière avec les survivants de la compagnie. Pour lui, la guerre est finie...

Officiellement, il est porté disparu. Ce qui signifie qu'il a très peu de chances d'être encore vivant. Cette mention ne laisse en effet pas grand espoir. Les dizaines de milliers d'hommes tombés sous les feux d'artillerie et ensevelis dans la boue sont eux aussi portés disparus. Henri de Gaulle pleure déjà son fils. Pour lui, il n'y a aucun doute : Charles est mort.

En fait, il est à l'hôpital de Mayence en Allemagne où l'on soigne ses blessures. On le conduit ensuite au camp de prisonniers d'Osnabrück, dans la région de Hanovre. Là, il peut enfin rassurer ses parents. Deux mois après sa disparition, une lettre parvient à sa mère.

Alors, une correspondance s'engage de part et d'autre de la frontière. Charles reçoit avec plaisir des nouvelles de sa sœur Marie-Agnès et de ses frères Jacques, Xavier, et de Pierre, qui passe ses examens de droit. La captivité le rend fou! Il regrette presque de ne pas être mort en héros devant Verdun comme son chef de bataillon tué net sous les balles ennemies, le fusil à la main.

Charles veut continuer à se battre. On le transfère dans le camp de Neisse puis dans celui de Sczuczyn, en Lituanie. Il trompe son ennui en lisant des livres d'histoire ainsi que des ouvrages sur le Second Empire et le XIXe siècle français. Il est curieux de tout.

En 1917, il est interné au fort numéro 9 à

Soldats français dans les tranchées portant des masques à gaz. Les gaz de combat sont employés pour la première fois dans le secteur d'Ypres, en Flandre occidentale, en mai 1915.

Ingolstadt, en Bavière. Depuis qu'il a été fait prisonnier, il ne cesse de réfléchir aux causes des défaites françaises sur les fronts du Nord et de la Champagne. Un jour, il prononce une conférence sur ce sujet devant les autres prisonniers, des officiers français comme lui.

«Le général Joffre a mal choisi son terrain d'attaque en Champagne où combattait le

L'épreuve du feu

Les ruines de Verdun témoignent de l'incroyable dureté des combats qui ont opposé Français et Allemands de février à décembre 1916. Près de 700 000 soldats des deux camps y ont été tués ou blessés.

33e régiment, commence-t-il. Certes, le terrain était plat et lisse et il était facile d'observer l'artillerie.»

Il fait une pause, ménageant son effet.

«Mais il y avait la pluie qui embuait les jumelles d'observation! Et la neige qui prenait de plein fouet les assaillants! Et la boue qui empêchait les batteries d'artillerie d'avancer pour exploiter la percée des premières lignes! Résultat? Des actions extrêmement meurtrières, la plupart du temps sans résultats, sur des terrains défoncés par les combats d'artillerie. Des unités désorganisées qui, faute de liaisons téléphoniques, n'avaient pas les moyens de signaler leurs positions à des postes de commandement trop éloignés des zones d'attaques.»

La salle est silencieuse. De Gaulle ne néglige aucun détail pour expliquer les échecs de l'armée française*. Jusqu'où ira-t-il?

«Les terrains d'attaque étaient lamentables! reprend-t-il. Les troupes ne bénéficiaient pas des installations nécessaires pour sortir des tranchées. Impossible d'assurer le commandement avec des unités égarées et des positions imprécises. Les fameuses «tranchées grises» de Champagne n'ont-elles pas été attaquées sept fois de suite en quatre jours, en février 1915, par des bataillons différents? Pour les hommes, c'était l'échafaud!»

L'accusation est terrible, mais emporté par son élan, de Gaulle continue.

«Ceux qui partaient à l'assaut voyaient leurs camarades blessés qui n'avaient pas été secourus! On envoyait ces hommes à la boucherie faute de préparation!»

Un lourd silence plane dans la salle. Tous ceux qui sont là ont vécu cet enfer. Ils ont connu ces terrains ruinés où l'ennemi contre-attaquait à coup sûr. Eux aussi se sont indignés de ne pas être soutenus par l'artillerie quand ils avaient percé les positions de l'ennemi au prix de lourdes pertes. Mais ils savent aussi que la faute en revient à la préparation et non aux artilleurs. Comment auraient-ils pu en effet faire mieux alors qu'ils ne savaient même pas où se trouvaient ceux qu'ils devaient défendre et que les chevaux se brisaient les pattes en tirant les batteries dans la boue?

---

* En captivité, de Gaulle médite sur les raisons de la supériorité des armées allemandes. Ses réflexions serviront de point de départ à la stratégie qu'il exposera plus tard dans ses livres.

Les Allemands avaient attaqué à Verdun en ayant minutieusement préparé leur offensive, grâce à la reconnaissance aérienne des positions françaises. Les troupes d'assaut avaient des objectifs précis. Un feu roulant de tirs de canons préparait l'avancée des fantassins. C'était une tactique extrêmement efficace et nouvelle. De Gaulle savait qu'il fallait l'adopter pour avoir une chance de remporter la guerre. Aucune attaque d'infanterie ne devait être ordonnée sans que des objectifs précis aient été assignés à chaque unité. Il n'est plus question de dire aux capitaines «En avant pour Douai». Il faut couvrir les vagues d'assaut par le feu des canons.

Certes, de Gaulle sait que cette nouvelle manière de faire la guerre exige une préparation importante. De plus, il faut des agents de liaison, des éclaireurs, des observateurs, des grenadiers, des nettoyeurs de tranchées, des brancardiers pour évacuer immédiatement les blessés. Rien ne doit être négligé pour assurer le déroulement efficace de l'attaque et préserver la vie des hommes.

Mais cette guerre nouvelle peut-elle être menée par les anciens chefs militaires? Elle exige des talents d'organisation et de mise au point des détails en même temps qu'une vue d'ensemble des objectifs. En un mot, elle exige des chefs exceptionnels! Et de Gaulle sait qu'ils sont rares...

D'évasion manquée en évasion manquée

Pendant ses longs mois de captivité, de Gaulle ne pense qu'à s'évader! Il est en effet obsédé par l'idée de pouvoir reprendre le combat dans son régiment. Ce désir n'a rien d'exceptionnel. Le devoir d'évasion est celui de tous les officiers!

Sa mère est sa complice! Lorsqu'il lui écrit, il

lui demande du matériel par des messages codés. Elle le lui expédie dans des boîtes de conserve truquées. Elle lui envoie par exemple des uniformes neufs qu'elle achète dans les grands magasins parisiens et qu'il peut transformer en tenues civiles.

Le grand jour arrive enfin le 29 octobre 1916. Sa mère lui a fait parvenir par colis de l'acide picrique que l'on emploie en médecine pour calmer les douleurs des brûlures et qui colore en jaune. Il l'utilise pour feindre un ictère, une maladie qui se manifeste par la coloration jaune de la peau. En voyant son teint brouillé et sa mine défaite, le médecin allemand l'envoie d'urgence à l'hôpital, moins bien gardé, où les allées et venues sont nombreuses. C'était son but! Un soldat français lui procure des habits civils. Son complice, le capitaine Dupret, a réussi à se procurer un uniforme allemand en soudoyant un gardien. Charles de Gaulle sort de l'hôpital en compagnie du faux infirmier Dupret. Ayant revêtu leurs vêtements civils, ils marchent vers la Suisse la nuit en se cachant le jour. Mais, un dimanche, ils ont l'imprudence de traverser un village en fête. Leurs mines patibulaires attirent immédiatement les soupçons. Poursuivis, arrêtés par des soldats en permission, ils sont reconduits au fort d'Ingolstadt où ils sont envoyés au cachot et soumis au régime du secret.

En 1917, de Gaulle récidive alors qu'il est depuis peu interné au camp de Rosenberg en Franconie. Cette fois, ils sont cinq à tenter l'évasion de ce château situé au sommet d'un à-pic de 30 mètres. Ils fabriquent une clef pour crocheter une porte non surveillée et une échelle avec des planches vissées grâce à des boulons de presse-raquettes de tennis. Puis, ils tressent une corde avec des draps de lit comme dans les classiques films d'aventure. Le 15 octobre, par une pluie battante, le groupe des cinq se met en route. Avec le mauvais temps, les sentinelles sont moins vigilantes. Le plan se déroule sans problème jusqu'au moment où le premier se laisse descendre au bout de la corde : elle est trop courte de dix mètres! Ils finissent par trouver un endroit plus favorable. De Gaulle est libre. Avec ses camarades, il marche vers la Suisse. Mais des paysans les dénoncent aux gendarmes alors qu'ils avaient trouvé refuge dans un pigeonnier. Ils sont de nouveau repris.

Jamais deux sans trois! Nullement découragé, le capitaine monte une nouvelle tentative d'évasion. Avec l'officier Tristani, il décide de sortir par une porte de la cour intérieure en profitant

Des unités de cavalerie sont rassemblées à l'arrière du front pour exploiter une percée qui, en 1915, ne fait de doute pour personne dans l'état-major français. Mais celui-ci devra se rendre à l'évidence : il s'agit d'une guerre de positions.

de l'inattention de la sentinelle. Habillés en civil, ils s'évadent de leur dortoir en sciant les barreaux de la fenêtre. Ils sautent dans la cour et gagnent la porte à la nuit tombante.

Ils portent des lunettes et des fausses moustaches! Ils ne savent pas qu'un civil allemand les a aperçus alors qu'ils quittaient le fort en courant. Leur signalement est aussitôt donné à tous les postes de gendarmerie. Ils sont arrêtés en gare de Lichtenfels alors qu'ils montaient dans le train pour gagner la Hollande. Dans l'agitation de l'arrestation, un gendarme bouscule de Gaulle. Celui-ci, très digne, le rappelle aux convenances. On le transfère au fort de Magdebourg où il purge sa peine en compagnie d'autres évadés repris par les gendarmes. Puis, une fois les trois semaines écoulées, on le transfère de nouveau au camp d'Ingolstadt où il passe cent vingt jours au cachot.

Est-ce une raison pour ne plus chercher à s'évader? En mai 1918, de Gaulle est transféré au fort de Wülzburg en Bavière. C'est un ancien château-fort, situé sur un piton rocheux où l'on enferme les récidivistes. De Gaulle renouvelle sa première tentative d'évasion*. Un officier parlant l'allemand, Meyer, subtilise un uniforme allemand dans l'atelier du tailleur. Il accompagne de Gaulle qui tient une valise pleine de vêtements civils. Meyer affirme que le Français est libéré. La sentinelle les laisse passer. Les voilà dans la nature! Pas pour longtemps. Ils sont arrêtés en juin par une patrouille de gendarmerie sur la route de Nuremberg.

Alors, cette fois, de Gaulle décide de s'évader seul. Le mois suivant, il se dissimule dans une vaste panière destinée au transport du linge sale à la blanchisserie. Il réussit à en sortir sans dommage et s'engage sur la route de Nuremberg. Là-bas, il espère prendre le train pour Francfort.

* Alors que de Gaulle en est à sa quatrième tentative d'évasion, les armées allemandes refluent sur tous les fronts. En 1917, les États-Unis sont entrés en guerre et les bolcheviks ont pris le pouvoir en Russie.

Affaibli par une grippe intestinale, il parvient cependant à monter dans le train. Mais le piège, une fois de plus, se referme sur lui! La police allemande contrôle les papiers de tous les passagers. De Gaulle ne pouvant en produire, on le reconduit dans sa forteresse où il doit subir une peine disciplinaire de soixante jours. C'était sa dernière tentative d'évasion. Le 11 novembre 1918, l'armistice est signé. La guerre est finie!

Le voilà bientôt libéré. Ses longs mois d'emprisonnements ne lui ont pas permis de participer aux combats victorieux de 1918. Il termine la guerre avec son grade de capitaine, ses décorations et le prestige attaché à ses blessures et à ses courageuses tentatives d'évasion. Mais prisonnier en Allemagne, il n'a pas réussi à se distinguer ni à accéder au rang d'officier d'état-major. Il a seulement la satisfaction d'avoir accompli son devoir.

Les enfants de la famille de Gaulle en 1899. De gauche à droite : Xavier, Marie-Agnès, Charles, Jacques, Pierre.

CHAPITRE TROISIÈME

La plume et l'épée

Le capitaine de Gaulle reprend du service dès qu'il a regagné la France. Quand il arrive à Lyon le 3 décembre 1918, cela fait plus de quatre ans qu'il est parti.

Il retrouve avec joie ses parents, ses frères et sa sœur. Tous ses frères sont officiers, même le petit Pierre qui a été nommé lieutenant après avoir participé à la dernière phase des combats. Jacques, lui, a déjà repris ses cours à l'école d'ingénieur des Mines. Il est fiancé! Quant à Marie-Agnès, elle a déjà plusieurs enfants. Comme le temps passe... Et moi, songe Charles, j'ai vingt-huit ans! Que vais-je devenir ?

Son avenir le préoccupe. Car s'il est capitaine, sa captivité dans les camps allemands ne lui a pas permis de prouver sa vaillance au combat. Ses longs mois d'inactivité pèsent lourdement sur sa carrière. Il n'a pas fait fonction d'officier d'état-major, et il apprend avec amertume qu'il ne peut pas se présenter à l'École de guerre où il rêve d'entrer, car c'est la meilleure voie d'accès aux grades d'officier supérieur, puis général. À la place, on l'affecte provisoirement à l'école de Saint-Maixent, pour un stage de commandant de compagnie. Il n'est même pas sûr de pouvoir exercer son métier avec efficacité, car des armes nouvelles sont apparues pendant les derniers mois de guerre.

Alors, de Gaulle se lance à corps perdu dans le travail. Son premier devoir n'est-il pas d'apprendre l'usage des armes nouvelles et la manière dont elles ont modifié l'organisation des combats? Il découvre l'existence des chars blindés qui ont été utilisés à la fin de la guerre. Il sait que l'un des problèmes majeurs des attaques était la difficulté de faire avancer des canons lourds sur le champ de bataille pour soutenir l'avancée des fantassins. Désormais, grâce aux blindés, on pourra peut-être résoudre ce problème. Blessé pendant que se déroulait la bataille de Verdun, prisonnier ensuite, de Gaulle n'a rien vu. Il n'est peut-être pas inutile d'être à Saint-Maixent, finalement!

Pourtant, de Gaulle ne se satisfait pas de son sort. Ayant appris que l'on recherche des officiers français pour former l'armée polonaise, il s'est porté candidat. Les jours, les semaines s'écoulent. On lui a par ailleurs promis la Légion d'honneur pour son offensive au front et il attend toujours. «Je bous dans ma peau!» écrit-il à son père. Pourquoi ce silence? Pourquoi ces retards? Il accuse le monde entier et surtout l'administration. «La France s'enfonce dans un océan de sottise, de paresse et d'insolence administrative!»

Puis après l'impatience et la colère, il cède à l'inquiétude. Et si l'armée ne voulait pas de lui? Il fait une autre demande pour être intégré à l'armée qui doit se constituer en Orient.

Et le 12 mars 1919, Charles apprend enfin la bonne nouvelle. Un mois plus tard, le 24 avril, il est à Varsovie, la capitale de la jeune République polonaise, indépendante depuis peu. On l'envoie aussitôt à Modlin où, avec d'autres chargés de mission français, il est chargé de former en deux mois les cadres d'une division. Dans ce pays étranger, il se sent un peu perdu! Il demande à sa mère de lui envoyer le journal *le Temps* (l'ancêtre du journal *le Monde*) qu'il est impossible de trouver en Pologne et des vêtements chauds. Surtout, il voudrait des uniformes neufs. Les attachés américains, italiens et britanniques arborent des tenues rutilantes. Lui aussi voudrait avoir belle allure!

Il n'est pas très bien payé. Il reçoit en effet 800 francs par mois, juste de quoi assurer la vie

Blindés Renault défilant place de l'Opéra à Paris. Les chars de combat sont la plus grande innovation en matière d'armement de la Grande Guerre. De Gaulle plaidera sans relâche pour leur emploi en masse et non pas seulement pour appuyer l'infanterie en cas de conflit.

quotidienne. Un soir, son logement est cambriolé et on lui vole un mois de solde. Pour lui, qui n'a pas un sou devant lui, c'est une véritable catastrophe! Sa famille viendra-t-elle à son secours? Sa mère lui envoie aussitôt l'argent qu'il propose de lui rembourser à raison de 100 francs par mois. Les de Gaulle ne sont pas riches, mais que ne feraient-ils pas pour leur fils exilé en Pologne?

Le 28 juin 1919, le traité de Versailles est signé avec l'Allemagne. Cette fois, la guerre est définitivement finie. Le traité affaiblit l'Allemagne. Le pays est désarmé, son armée est limitée à 100 000 hommes et 1 000 officiers, sans artillerie lourde ni aviation. Ses frontières sont révisées. L'Alsace et la Lorraine redeviennent françaises tandis que l'Allemagne cède une partie de son territoire à la Pologne*. De plus, des sanctions économiques l'engagent à payer de lourdes réparations.

Charles découvre le contenu du traité de Versailles en lisant *le Temps* et il n'est pas du tout satisfait! L'Allemagne est peut-être affaiblie, mais l'unité du pays n'est-elle pas préservée? De Gaulle n'est d'ailleurs pas le seul à penser ainsi. En France, le maréchal Foch qui a conduit les Alliés à la victoire en 1918, a, lui aussi, exprimé son inquiétude. Il pense que les Allemands n'ont aucune intention d'appliquer le traité qu'ils ont pourtant signé. Et encore moins de payer les réparations! Sans connaître le maréchal, le capitaine de Gaulle partage son opinion.

Au mois d'août, la Légion d'honneur lui est enfin attribuée. Fou de joie, il lit en tremblant la citation qui accompagne la décoration et qui porte sur son dernier combat, à Verdun. Le voilà enfin reconnu par l'armée! Mais la citation lui semble trop flatteuse. On y met en effet en avant son mérite personnel alors qu'il a,

---

* Lorsque de Gaulle part comme attaché militaire pour Varsovie, la Pologne, qui désire retrouver les limites de la Grande Pologne du XVIIIe siècle, est prête à attaquer la Russie soviétique. Après deux ans de combats, la frontière de 1918 sera finalement confirmée.

selon lui, simplement accompli son devoir de soldat. En cet instant, il a une pensée pour le colonel Augier qui commandait l'école de Saint-Maixent. Alors que Charles attendait désespérément d'être nommé en Pologne, celui-ci lui a dit : «Jeune comme vous l'êtes, vous avez absolument raison de demander à faire campagne. Avec les beaux états de service que vous avez déjà, vous pouvez, si vous le voulez, vous faire un très bel avenir!» Après tout, ces quelques mots ne comptaient-ils pas plus que la croix de la Légion d'honneur? La croix récompensait une action passée; les mots du colonel faisaient briller l'avenir devant lui!

Le retour en France

La Pologne a longtemps été partagée entre la Prusse, la Russie et l'Autriche. Le traité de Versailles lui a permis de renaître, mais n'a pas vraiment réglé le problème des frontières du pays. La Pologne et l'URSS réclament tous deux la Silésie. La guerre s'engage entre l'armée polonaise et l'Armée rouge. De Gaulle brûle de faire partie des états-majors en guerre contre l'URSS. Mais il doit patienter... Il n'est pas en Pologne pour faire la guerre mais pour enseigner aux cadres militaires les exigences du combat moderne.

Il ne peut pas se battre, alors il parle! Pour montrer qu'il comprend parfaitement les problèmes du nouvel État polonais, il prononce une conférence devant les officiers de la mission française. Son point de vue pertinent intéresse ceux qui l'entendent. De Gaulle est satisfait. Il n'a pour l'instant qu'une seule idée : se faire apprécier de ses chefs en Pologne.

Mais sa mère a d'autres ambitions! Le célibat de son fils l'inquiète. Il faut qu'il se marie.

Comme c'était l'habitude à l'époque dans les familles bourgeoises, c'est elle qui se charge d'accomplir les démarches et de choisir la fiancée de son fils. Finalement, c'est Yvonne Vendroux, jeune fille issue d'une bonne famille du Pas-de-Calais. Un beau parti ! Elle en parle à Charles. Mais celui-ci n'a pas l'air d'être concerné par le problème. Il ne dit ni oui ni non et repousse le moment de «voir et être vu, juger et être jugé». Il verra plus tard, lorsqu'il reviendra à Paris. Pas tout de suite : son général lui a demandé de rester en Pologne. Il a même augmenté sa solde qui est passée de 800 à 2 300 francs par mois.

En 1920, la guerre polono-soviétique bat son plein. Le jeune de Gaulle part en campagne contre l'armée russe du général Boudienny et obtient le commandement d'un bataillon. Il ne le regrette pas. En janvier 1921, il est récompensé d'une citation à l'ordre de l'armée en raison de son comportement. Il a su donner au commandement polonais des avis utiles sur l'emploi des forces, insistant sur les liaisons et sur l'utilisation de l'artillerie, des avions et des chars. Il a brillament renoué le fil de sa carrière en montrant ses qualités militaires à des chefs qu'il estime. Il peut maintenant préparer le concours d'entrée à l'École de guerre. N'est-il pas temps pour lui de rentrer en France?

Il se souvient alors de la jeune fille qu'il a rencontrée pour la première fois lors d'une permission. Yvonne! Il était tellement ému qu'il a renversé sa tasse de thé sur sa robe! La famille Vendroux est respectable, la jeune fille est fort sérieuse et son éducation est parfaite. Bonne catholique, ne tiendra-t-elle pas parfaitement son rôle d'épouse d'officier? Et puis, elle est élégante et jolie. Charles revoit son visage souriant, ses grands yeux, ses cheveux soyeux... Il a trente ans, c'est l'âge idéal pour se marier. C'est décidé : il va l'épouser!

Encore faut-il qu'Yvonne soit d'accord... Il attend sa réponse en tremblant. Lorsqu'on lui fait part de la demande du capitaine, la jeune fille baisse les yeux et répond avec détermination : «Ce sera lui, ou personne.»

Les pères se rencontrent. Henri de Gaulle arrange les affaires des futurs époux avec Jacques-Philippe Vendroux. C'est un notable, armateur, conseiller municipal, président du conseil d'administration d'une fabrique de biscuits et membre de la chambre de commerce de Calais. Son épouse a été infirmière bénévole à l'hôpital militaire de Calais pendant la guerre. Les deux familles n'ont rien à envier l'une à l'autre.

Les fiançailles sont célébrées le 11 novembre 1920, jour anniversaire de l'armistice de 1918. Cinq mois plus tard, le 7 avril 1921, Charles épouse Yvonne dans l'église Notre-Dame de Calais. Une cérémonie fastueuse comme c'est alors la tradition!

Professeur et père

Une nouvelle vie commence. Le jeune marié est aussitôt désigné comme professeur à l'École militaire de Saint-Cyr. Professeur, comme son père! Il enseigne l'histoire militaire, celle dont il rêvait pendant son adolescence, tout en préparant l'École de guerre*. Il analyse les campagnes de Napoléon, montre que son mérite a été de prévoir minutieusement les déplacements de ses unités et d'en assurer l'exécution avec la plus grande fermeté. Il s'étend longuement sur la guerre désastreuse de 1870 et dénonce l'indécision et l'inaptitude du commandement et des pouvoirs politiques. Il défend cependant l'armée

* L'École supérieure de guerre est destinée à former des officiers de haute qualification appelés à exercer des commandements, et à occuper des postes de responsabilité dans les états-majors.

française de cette époque. C'était un bon outil, explique-t-il. Mais le meilleur outil n'a aucune valeur en lui même. Il ne vaut que par l'emploi qu'on en fait. Si le commandement a été médiocre, c'est parce que les pouvoirs politiques étaient instables. Il fixe ainsi sa pensée sur un point : pour qu'un État soit fort, il faut un pouvoir stable.

Le 28 décembre 1921, Yvonne met au monde leur premier enfant, Philippe. Charles est ravi d'avoir un garçon. Il rêve déjà pour lui d'une brillante carrière militaire! Un bonheur ne venant jamais seul, il est admis à l'École supérieure de guerre cinq mois plus tard. Il a été reçu 33e sur 129 candidats et entre dans l'illustre établissement pour devenir officier breveté d'état-major. Il y fait preuve d'une pensée originale et pense pouvoir impressionner ses professeurs et ses examinateurs. Il n'en est rien! On lui reproche de ne pas se couler dans le moule. Lorsqu'il sort de l'École deux années plus tard, il est 52e!

Il continue à donner ses cours d'histoire militaire à l'École de Saint-Cyr avant d'être affecté en Allemagne, dans l'armée d'occupation. C'est un brillant professeur loué par ses chefs et ses élèves. Mais il n'entend pas demeurer toute sa vie enseignant. Et comme il a des choses à dire, il publie en 1924 son premier livre, intitulé *la Discorde chez l'ennemi*. Ses rivaux (car il a des rivaux!) sont furieux. Il sait écrire et il défend ses idées avec force! Les articles qu'il publie dans la *Revue militaire française* et dans la *Revue Bleue* le font remarquer. Il se venge ainsi des chefs de l'École de guerre qui ne l'ont pas reconnu à sa juste valeur. Il sait que ses idées sur la guerre sont justes. Personne ne pourra le faire taire!

Ses efforts attirent vite l'attention. En 1925, le maréchal Pétain, l'ancien colonel du 33e régi-

La plume et l'épée

ment d'Arras et maintenant inspecteur général de l'armée, l'engage dans son cabinet. Près de treize ans se sont écoulés depuis Arras. Pétain est le grand vainqueur de la bataille de Verdun. Sa gloire est immense et son autorité en matière

Yvonne Vendroux deux ans avant de devenir Mme Charles de Gaulle.

de politique militaire est considérable. Pendant deux ans, de Gaulle travaille auprès de lui tout en assurant des fonctions d'instructeur à l'École de guerre. Il y prononce de savantes conférences en gants blancs, l'épée au côté sur des sujets qui lui tiennent à cœur.

Son intervention la plus brillante est restée célèbre. Elle est consacrée aux principes et aux méthodes de commandement. Il faut une guerre pour distinguer les vrais talents des chefs médiocres, explique-t-il. Car si l'on ne peut exiger du génie d'un chef, il se doit d'avoir du talent. Sans la guerre, Pétain serait parti à la retraite avec le grade de colonel. Les responsables d'alors n'avaient pas détecté son aptitude à commander. Or, n'est-il pas aujourd'hui maréchal? N'a-t-il pas remporté la victoire à Verdun? La médiocrité du grand nombre a une certaine répugnance instinctive pour la supériorité de quelques-uns!

De Gaulle entouré de l'état-major du 19ᵉ bataillon de chasseurs, à Trèves en 1928.

Le sujet inspire de Gaulle. N'a-t-il pas lui-même beaucoup de mal à se faire entendre? Sa réflexion va très loin. Il va même jusqu'à dire comment un chef de guerre doit se conduire et à donner des conseils aux généraux sur le commandement*!

Le prestige du chef de guerre doit être entretenu par des attitudes soigneusement étudiées, affirme-t-il. Autant ses décisions doivent être connues avec précision au moment de l'action, autant il doit s'entourer de mystère dans la vie quotidienne en prenant de la distance.

Certains n'apprécient pas cette manière effrontée de donner des leçons. On lui reproche ses airs supérieurs. On l'accuse de prétention. Il parle comme s'il avait lui-même exercé le pouvoir suprême, murmurent ses rivaux. En fait, il juge et critique, dégage des lois et des principes et définit une véritable philosophie du commandement. Il ne cherche qu'à faire progresser la doctrine de guerre en l'adaptant aux conditions du temps présent. Il a déjà l'âme d'un chef. Mais pour l'instant, il enrage de ne pas être reconnu.

* La stratégie, selon de Gaulle, ne peut pas se résumer à la conduite d'ensemble des opérations militaires. Pour le jeune professeur d'histoire militaire, la stratégie est avant tout un art de la prise de décision : d'où son admiration pour Napoléon et pour Pétain.

La stratégie doit être offensive

Au début des années 30, il apparaît clairement que l'état-major français a définitivement engagé la politique militaire dans une stratégie défensive. La position de de Gaulle, elle, est toujours la même : la France doit rénover son armée pour se donner les moyens d'intervenir et de lancer des offensives. Il n'a cependant pas l'occasion de continuer ses interventions, car il est nommé en Orient, à l'état-major du général commandant les troupes de Syrie et du Liban. On l'éloigne de France en quelque sorte...

Depuis trois ans, Charles a reçu ses galons de commandant. Sa famille s'est agrandie avec la naissance de deux filles, Élisabeth et Anne. La naissance d'Anne en 1928 a été une véritable épreuve pour les de Gaulle : la petite fille est née mongolienne. Charles sait que la médecine est impuissante et que sa fille a seulement besoin d'amour. Dès lors, rien ne sert de rester à Paris.

En novembre 1929, ils s'installent tous à Beyrouth. De Gaulle parcourt en automobile la Syrie et le Liban que la Société des Nations a placée sous tutelle française. Philippe, qui est en classe de huitième, suit les cours des jésuites tandis que sa sœur apprend à lire dans l'ancien couvent des Dames de Nazareth. Le séjour en Orient dure deux ans. Puis, en novembre 1931, les de Gaulle rentrent à Paris.

Le retour est moins décevant que prévu. De Gaulle est affecté au secrétariat du Conseil supérieur de la Défense nationale. Il reste donc dans les hautes sphères du pouvoir militaire. Il sait que la prochaine guerre sera totale et englobera toutes les forces vives de la nation. Selon lui, il faut que les responsables se préoccupent aussi du moral des civils et de l'information pour éviter d'être pris au dépourvu par la propagande adverse.

Dès lors, de Gaulle se lance dans l'écriture. Il veut faire connaître ses idées dans l'opinion publique. En 1932, il publie un premier ouvrage théorique intitulé *Au fil de l'épée* qu'il dédie au maréchal Pétain. Il récidive en 1934 avec un autre livre, *Vers l'armée de métier*. La presse consacre à ses deux ouvrages des critiques élogieuses. Le colonel Bugnet, un vieux militaire qui signe des chroniques dans *l'Ami du Peuple*, soutient avec ardeur les thèses du commandant. Désormais, de Gaulle n'est plus seul. Ses idées commencent à faire du chemin...

En même temps qu'il écrit, il poursuit son ascension. En 1934, il est promu lieutenant-colonel. Il a désormais accès à de nombreux dossiers. Il est notamment chargé de préparer un texte de loi sur l'organisation de la nation en temps de guerre, ce qui lui permet d'être en relation avec tous les ministères. De son bureau situé dans l'hôtel des Invalides, il continue à promouvoir ses ouvrages afin d'attirer l'attention des députés et des ministres sur ses thèses. Mais il a contre lui ceux qui veulent maintenir la paix à tout prix, y compris en composant avec Mussolini et Hitler, les maîtres de l'Italie et de l'Allemagne. Les partisans de l'apaisement plaident pour le désarmement et refusent le principe d'une armée de métier. De Gaulle défend son point de vue* : justement, réplique-t-il, l'armée de métier est le moyen de renoncer au système d'une armée de masse, incontrôlable et désavantageuse pour la France.

Hitler arrive au pouvoir en Allemagne en 1933; depuis un certain temps déjà, de Gaulle pense qu'il faut modifier le dispositif français de défense. Les fureurs et les ambitions allemandes ne peuvent être niées, explique-t-il, les agitations nationalistes ne peuvent être ignorées.

En effet, la paix semble compromise à terme. Hitler n'envisage-t-il pas de rectifier le «diktat» de Versailles et de rattacher à l'Allemagne tous les pays voisins de langue allemande, y compris l'Autriche? Sans force d'intervention efficace, la France pourra-t-elle l'empêcher de mener à bien ses ambitions? Il faut une armée de métier et surtout il faut former des unités de spécialistes, équipées de chars d'assaut.

Le lieutenant-colonel est têtu! Il s'engage à corps perdu dans la défense de ses théories. Grâce à l'un de ses amis journalistes, il rencontre en décembre 1934 un ancien ministre de droite, Paul Reynaud, et lui expose longuement les idées qu'il a développées dans son ouvrage *Vers l'armée de métier*.

* Dans son livre *Vers l'armée de métier*, de Gaulle défend l'idée d'une armée composée de «techniciens» rompus à l'emploi des armes modernes.

Il s'aperçoit vite qu'il prêche un convaincu. En effet, Reynaud est tout à fait hostile à la politique exclusivement défensive menée par les chefs successifs de l'état-major. Les deux hommes s'entendent immédiatement. De Gaulle se met à la disposition de l'ancien ministre pour lui fournir tous les renseignements dont il aura besoin lors de ses interventions au Parlement

Page ci-contre.
En 1933, Hitler, le chef du parti national-socialiste, est appelé par le vieux maréchal Hindenburg à diriger l'Allemagne. Pour de Gaulle, les idées ultranationalistes et revanchardes que professe le Führer annoncent une nouvelle guerre.

La plume et l'épée

Soldats dans les tranchées durant la Première Guerre mondiale.

CHAPITRE QUATRIÈME

Le défenseur des chars d'assaut

L'une des forces de De Gaulle, c'est qu'il lit la presse militaire allemande. Il a parfait sa connaissance de la langue pendant ses longs mois de captivité, et rien ne lui échappe.

Preuves en main, il explique à Reynaud que la nouvelle armée allemande, la Wehrmacht, dispose dès 1935 de trois divisions blindées et mécanisées, les Panzerdivisionen — et elle en possédera six l'année suivante! Le personnel de ces divisions est constitué de soldats de métier. Ces engagés sont non seulement des professionnels, ce sont aussi des fanatiques du parti hitlérien.

Chaque division se compose d'une brigade de 500 chars, d'une brigade d'infanterie d'assaut entièrement mécanisée, d'une brigade d'artillerie portée et d'un groupe d'aviation. Leur principe d'action est efficace. Les interventions des brigades sont parfaitement synchronisées grâce à des liaisons radio très performantes. L'organisation allemande est celle que défend de Gaulle depuis longtemps!

À l'assaut de la Chambre des députés

En France, on est loin d'envisager la création d'un corps d'armée sur le modèle allemand. Que fait-on? On construit le long de la frontière du Nord-Est une ligne défensive, la ligne Maginot, qui est censée empêcher les forces ennemies de pénétrer sur le territoire. Le haut commandement militaire prétend employer des chars en les dispersant dans les unités d'infanterie. En cas de conflit, la France risque donc d'être immédiatement en situation d'infériorité. Il faut agir pendant qu'il en est encore temps. De Gaulle compte sur le talent de Paul Reynaud pour convaincre les députés de la justesse de ses idées.

On appelle les deux hommes «le géant et le nain», un couple qui fait sourire les journalistes et les caricaturistes. La campagne menée activement par Paul Reynaud au Parlement et par les amis de De Gaulle dans la presse dérangent ceux qui sont pour un dispositif militaire défensif et contre l'armée de métier.

L'officier propose de constituer une force mobile de 100 000 professionnels connaissant parfaitement le maniement des chars de combat. Les experts refusent de l'écouter. Ils veulent disperser les blindés et même l'aviation dans les grandes unités d'infanterie alors que de Gaulle maintient qu'il faut les regrouper. À quoi peuvent servir des armes modernes, si l'on n'adopte pas des méthodes de combat modernes?

De Gaulle écrit sans cesse à l'ancien ministre, lui procure des études, des éléments chiffrés, des

Le défenseur des chars d'assaut

arguments pour répondre à ses adversaires. Le 31 mars 1935, Paul Reynaud dépose une proposition de loi portant création d'un corps spécialisé. C'est l'idée même du lieutenant-colonel : un corps de six divisions composé de spécialistes engagés pour six ans. La Chambre des députés rejette le projet.

De Gaulle ne s'arrête pas sur cet échec et poursuit le combat, en recherchant tous les appuis politiques. Son grand espoir, c'est que Paul Reynaud soit, un jour, nommé au ministère de la Défense nationale.

Mais en 1936, la droite perd les élections législatives. Pour la première fois depuis le début de la IIIe République, les partis de gauche (socialistes, communistes et radicaux unis sur un programme précis de gouvernement) sont nettement vainqueurs. La gauche prend le pouvoir

Essai d'un char d'assaut français Schneider. Ce blindé de 13,5 tonnes armé d'un canon de 27 a été engagé pour la première fois, le 16 avril 1917, à Berry-au-Bac.

avec un gouvernement de Front populaire présidé par le socialiste Léon Blum.

Le radical Édouard Daladier est nommé ministre de la Défense. Les deux hommes sont partisans d'une armée nationale et opposés à la formation d'unités de chars d'assaut spécialisées. De Gaulle enrage! Il achève de rédiger le projet de loi d'organisation de la nation en temps de guerre qu'il avait laissé en suspens et qui attend d'être voté. La rédaction tient compte des exigences de tous les ministères. C'est une synthèse que tous peuvent accepter.

Premiers bruits de bottes en Rhénanie

Le vote de ce projet est d'autant plus urgent que, le 7 mars 1936, les troupes de Hitler ont occupé la Rhénanie qui, selon le traité de Versailles, devait rester démilitarisée. La France n'a rien fait. On n'a pas cru devoir engager l'armée pour empêcher le coup de force du dictateur.

De toute façon, seul un corps mécanisé aurait permis de riposter rapidement et d'imposer à Hitler le respect du traité. Si nous voulons vivre, affirme de Gaulle, nous devons organiser notre propre force de manière à pouvoir réagir dans les mêmes conditions que l'agresseur. L'impuissance française a fait réfléchir la Belgique. Jusqu'alors neutre, elle songe à assumer sa défense par ses propres moyens. En France, certains envisagent d'augmenter la durée du service militaire et de la porter à trois ans pour disposer de 125 000 hommes supplémentaires. Mais ce supplément de soldats ne peut remplacer une division de chars!

À la fin de l'année 1936, le gouvernement de Front populaire se rallie enfin aux idées de De Gaulle : deux divisions de chars seront créées. Il n'a pas encore tout à fait gagné, car il faut maintenant les associer à des divisions d'assaut et d'artillerie portée, mais il vient de remporter une victoire décisive! Personne ne conteste l'opiniâtreté de De Gaulle : la première division blindée est constituée le 1er avril 1937. De Gaulle n'a pas été le seul à se battre pour obtenir ce résultat, mais il peut se flatter d'avoir été l'un des plus brillants avocats de la cause des blindés.

Le pressentiment de la guerre

En septembre 1937, de Gaulle prend à Metz le commandement du 507e régiment de chars de combat. Il sera bientôt colonel. Il va enfin pouvoir agir!

Pour lui, il ne fait aucun doute que Hitler, le moment venu, s'en prendra à la France qu'il aura pris soin d'isoler. Il l'a écrit dans *Mein Kampf* traduit en français sous le titre *Mon combat*. Ceux qui pensent autrement, à Londres et à Paris, et prêchent l'«apaisement» face à l'agressivité de l'Italie en Éthiopie et à l'expansionnisme allemand, sont de dangereux rêveurs! Dès 1937, de Gaulle voit parfaitement clair dans le jeu des nazis. Il estime qu'un coup de force allemand est prévisible dans les semaines qui viennent. Il est essentiel d'y répondre, car Hitler bluffe. Il n'est pas prêt à la guerre. Toutes les alliances doivent être recherchées pour l'empêcher d'isoler la France. Même celle de l'Union soviétique. Il faut, dit-il, avoir le courage de regarder les choses en face!

De Gaulle est déjà parti en guerre. Il fait manœuvrer ses chars qui défilent sur l'esplanade de Metz : des R 35 (Renault) dont les tourelles sont armées de canons de 37 et de mitrailleuses, des chars D 2 à canons de 47, plus puissants, dotés de deux mitrailleuses. Le colonel assure que ses chars sont équipés d'un matériel moderne de transmission radio. Il explique à Paul Reynaud que ces radios sont le fait majeur de la nouvelle stratégie et que l'on ne conçoit plus désormais d'attaque sans chars pour s'opposer d'abord aux chars ennemis. Il faut évidemment les employer en grand nombre si l'on veut obtenir un résultat; le nouveau colonel s'emploie avec énergie à apprendre au 507ᵉ régiment le combat en groupe.

Il n'hésite pas à faire sortir ses troupes de la caserne pour les montrer à la population. Le 11 novembre 1937, pour commémorer l'armistice, 63 engins défilent à toute vitesse dans les rues de la ville. De Gaulle renouvelle l'opération quelques semaines plus tard devant Édouard Daladier, le ministre de la Défense en visite à Metz. Il ne ménage aucun effort pour convaincre le pays que les chars sont la seule réponse efficace à la menace hitlérienne.

Pourtant, même si on laisse au colonel toute liberté pour entraîner le 507ᵉ régiment, l'état-major reste persuadé que la stratégie défensive est la meilleure. Pour empêcher les armées allemandes d'envahir le territoire français, tout le monde compte sur la ligne Maginot*. De Gaulle sait qu'elle ne servira à rien. Il écrit à Paul Reynaud et lui propose, dans l'hypothèse de son retour au pouvoir, un projet de réorganisation du ministère de la Défense qui permettra d'imposer le nouvel effort d'armement.

Le commandement qu'il exerce à Metz lui permet de vérifier sur le terrain le bien-fondé de sa théorie. Il travaille d'arrache-pied. Son père vient de mourir, tandis que la santé de la petite Anne est inquiétante. Charles et Yvonne font preuve d'un grand courage pour surmonter cette terrible épreuve.

* La ligne Maginot, ensemble fortifié construit de 1927 à 1936, couvre la frontière nord-est de rails antichars et de casemates bétonnées. Mais, laissant la frontière belge sans protection, elle ne jouera pratiquement aucun rôle lorsque Hitler lancera ses divisions blindées contre la France en mai 1940.

La marche à la guerre

Cependant, la menace de guerre se précise. En mars 1938, Hitler annexe l'Autriche, tandis qu'à Paris le radical-socialiste Édouard Daladier succède le mois suivant à Léon Blum, qui avait déjà été remplacé par Camille Chautemps. La France est liée à la Tchécoslovaquie par une alliance signée en 1925 et renforcée en 1937. Au cours de l'été 1938, Hitler s'en prend à ce pays. La France la défendra-t-elle? Non, car le gouvernement est résolument hostile à une intervention. En septembre, une conférence réunit à Munich les gouvernants britannique, français, allemand et italien. Elle se termine par la capitulation du Britannique Chamberlain et du Français Daladier : les accords signés à Munich imposent à la Tchécoslovaquie la cession d'une partie de son territoire, et bientôt la Wehrmacht occupe le pays des Sudètes, peuplé d'Allemands. De Gaulle proteste avec vigueur contre cette reculade : Nous capitulons sans combat. La série des humiliations se poursuit. Elle continuera par l'abandon des colonies, puis par celle de l'Alsace... À moins qu'un sursaut d'orgueil réveille la nation.

Mais la nation n'a pas l'air prête à se réveiller. Au contraire, une foule joyeuse attend Daladier à l'aéroport du Bourget et le félicite d'avoir préservé la paix et de ne pas être entré en guerre pour défendre la Tchécoslovaquie. De Gaulle, lui, ne peut s'empêcher d'exprimer son angoisse : Les Français, comme des étourneaux, poussent des cris de joie, cependant que les troupes allemandes entrent triomphalement sur le territoire d'un État dont nous garantissions les frontières et qui était notre allié. Peu à peu, nous prenons l'habitude du recul et de l'humiliation, à ce point qu'elle nous devient une seconde nature.

Le colonel de Gaulle présente au président Albert Lebrun un char de combat un mois après l'entrée en guerre de la France. C'est encore la «drôle de guerre» au cours de laquelle les opérations militaires seront inexistantes.

En avril 1939, de Gaulle pense encore qu'Hitler bluffe et qu'il n'a pas les moyens de déclencher la guerre. Mais tout va très vite. Le 1er septembre 1939, l'Allemagne attaque la Pologne. La France doit respecter ses engagements envers ce pays allié. Le 3 septembre 1939, à midi, elle déclare la guerre à l'Allemagne.

La guerre éclate

De Gaulle est mis à la disposition du général Bourret pour commander les chars de la 5e armée. Il couvre un vaste secteur, derrière la ligne Maginot, de Sarreguemines jusqu'à Strasbourg. Il peste contre ce système militaire exclusivement conçu pour la défensive. Ses chars sont éparpillés au lieu d'être rassemblés. Ils n'ont aucun moyen d'intervenir dans le combat... Il se préoccupe de ses liaisons, car c'est, selon lui, la faiblesse des corps blindés français. Les nouveaux postes de radio ER54 sont bons. «Il est nécessaire, écrit-il, sous peine d'être "couillonnés" d'installer ces transmissions au niveau de tous les chefs de bataillons de chars, sinon ils seront réduits à communiquer entre eux, comme pendant la précédente guerre, au moyen de fanions.» La guerre qui s'annonce est une guerre mécanique. Il enrage de ne pouvoir mieux y préparer l'armée française.

Paul Reynaud, garde des Sceaux du cabinet précédent, est à présent ministre des Finances. Il n'oublie pas celui qui l'a soutenu pendant si longtemps. Grâce à lui, de Gaulle reçoit le commandement d'une quatrième unité de blindés qu'il doit créer et entraîner pour le combat. Le 8 mai, Charles annonce à sa femme qu'il part en tournée à travers la France afin de rassembler rapidement les éléments dispersés de sa division. Les de Gaulle ont acheté, il y a une dizaine d'années, une propriété à Colombey-les-Deux-Églises, un petit village de Haute-Marne. Charles conseille à Yvonne de s'y réfugier avec la petite Anne. Il promet qu'il les rejoindra vite. Il n'en aura pas le temps. Le 10 mai 1940, les panzerdivisionen du général Guderian se ruent à l'assaut du front de l'ouest, évitant la ligne Maginot.

La grande attaque des chars que de Gaulle annonçait depuis sept ans vient de commencer.

Un couple terrifiant : le char et l'avion

Lorsque Charles de Gaulle parvient à rassembler la 4e division blindée, le front allié est déjà largement percé. Elle ne peut être engagée en liaison avec d'autres unités. Son combat ressemble fort à un baroud d'honneur.

Les Allemands ont commencé leur attaque, le 10 mai, par l'invasion de la Hollande et de la Belgique. La France a aussitôt envoyé ses meilleures troupes pour résister aux côtés des Anglais. La grande bataille aurait-elle lieu en Belgique? Les divisions mécanisées françaises sont engagées à fond. La 7e armée, commandée par le général Giraud, s'avance déjà jusqu'à Breda, en Hollande, lorsque Hitler fait exécuter la seconde partie de son plan : sept divisions blindées s'engagent sur les routes étroites à travers le massif montagneux des Ardennes et débouchent sur la France, à Sedan.

La percée de Sedan signe la défaite des Alliés. Les panzerdivisionen franchissent la Meuse et foncent vers la mer à l'ouest en encerclant toutes les divisions françaises et anglaises aventurées en Belgique. Les chars allemands atteignent Abbeville puis Boulogne, sur la côte de la Manche. C'est la débandade. Les Alliés n'ont qu'une seule solution : gagner la Grande-Bretagne par la mer. Ils s'embarquent autour des plages de Dunkerque sous l'intense bombardement des stukas, ces petits bombardiers qui piquent en faisant un terrible bruit de sirène.

Charles a conseillé à temps à sa femme de quitter Colombey, et Yvonne s'est repliée sur la Loire, à Rebrechien, dans le Loiret. Au cours des manœuvres de sa division cuirassée, de Gaulle a croisé de nombreux civils en fuite vers le sud, redoutant les raids meurtriers des stukas.

La 4e division attaque une première fois le 17 mai, détruisant un convoi ennemi près de Montcornet dans le Nord. Elle se signale de nouveau à Crécy-sur-Serre le 19, puis au nord de Laon, le 22. De Gaulle a été nommé général de brigade à titre temporaire sur le champ de bataille. Il souffre cruellement du manque de soutien de l'aviation et de l'insuffisance numérique de ses troupes d'assaut. Les liaisons radios entre les unités ne sont pas satisfaisantes. Malgré le courage et l'acharnement de ses soldats, le général ne peut éviter la destruction d'un grand nombre de ses blindés par les bombes aériennes.

Le 2 juin, de Gaulle attaque de nouveau vers Abbeville et empêche pour quelques heures la progression de l'ennemi. Il fait 250 prisonniers et saisit un important matériel. On le cite à l'ordre de l'armée pour cette victoire. Mais, une fois de plus, il ne peut exploiter ce succès. Sa division a souffert de l'âpreté du combat. Elle doit prendre quelques jours de repos pour reconstituer le matériel et s'alimenter en carburant.

Comment vaincre avec 60 divisions contre 138? Avec 4 000 avions de chasse et pratiquement pas de bombardiers opérationnels contre 3 000 avions allemands aux performances supérieures, dont 500 stukas? Les Britanniques préfèrent utiliser leurs forces aériennes pour défendre la Grande-Bretagne et refusent d'engager à fond la Royal Air Force sur le territoire français. En juin, le général Weygand, qui a été nommé général en chef des armées, ne dispose que d'une poignée de chars qui ont échappé au désastre pour attaquer l'ennemi. Il a fait constituer des lignes de résistance sur la Somme, mais ont-elles la moindre chance de retenir les Allemands? De Gaulle est très inquiet pour sa famille. Le 5 juin, il demande à sa femme de partir immédiatement pour la Bretagne.

Le 6 juin 1940, la dernière bataille s'engage. Certaines troupes françaises déploient des prodiges de vaillance, et les engagements sont terriblement meurtriers. En quelques semaines, plus

Le cabinet Paul Reynaud, constitué en juin 1940 alors que la victoire allemande semble inéluctable.

de 100 000 hommes tombent sur le champ de bataille. Les aviateurs se couvrent de gloire en abattant près de 800 avions allemands, mais quatre pilotes sur dix meurent dans ces affrontements. Sur la Somme et sur l'Aisne, l'infanterie se défend jusqu'au dernier moment mais, une fois de plus, la coordination étroite des blindés allemands et de l'aviation est décisive. Les lignes françaises, qui ne peuvent tenir que quelques heures, sont enfoncées. Dès lors, la route de Paris est ouverte à l'ennemi.

S'il veut continuer la guerre, le gouvernement n'a plus le choix. Il faut replier les armées en Bretagne ou en Afrique du Nord. Le général Weygand hésite entre la capitulation et l'armistice. Une capitulation est un acte militaire qui n'engage que les troupes concernées et permet au gouvernement de poursuivre la lutte, quitte à s'installer en Afrique du Nord. Un armistice est un acte politique qui engage le gouvernement. Weygand estime qu'une capitulation serait contraire à l'honneur de l'armée française. Aussi, il commence à parler d'un armistice...

De Gaulle n'a pas participé aux derniers combats. Le 6 juin, il a été nommé sous-secrétaire d'État à la Défense nationale dans le cabinet de Paul Reynaud qui remplace Édouard Daladier à la présidence du Conseil...

L'humiliation de l'armistice

Le pays attend des décisions politiques plus que militaires. La France est convenue avec la Grande-Bretagne qu'aucun des deux alliés ne signera de paix séparée. Mais les Allemands marchent vers Paris. Le gouvernement a quitté la capitale et s'est replié à Tours, sur la Loire.

Faut-il rester fidèle à l'alliance anglaise et poursuivre la guerre, ou faut-il signer immédiatement avec les Allemands l'armistice le moins désavantageux possible? Le général Weygand pense, comme le maréchal Pétain, que l'Angleterre n'a pas les moyens de résister à l'Allemagne et qu'elle sera bientôt contrainte d'abandonner le conflit. Il estime urgent d'engager des négociations. Paul Reynaud s'y refuse.

S'il fait appel à de Gaulle, c'est qu'il a besoin d'hommes sûrs pour préparer la suite. Il veut organiser la résistance outre-mer. Reynaud ne veut pas signer l'armistice. Il a lui-même défendu à Londres le principe de l'impossibilité d'une paix ou d'un armistice séparés. S'il appelle de Gaulle, c'est parce qu'il sait qu'ils ont tous deux les mêmes convictions. Il faut continuer le combat!

De Gaulle n'est plus le général à titre provisoire d'une division blindée décimée et impuissante. C'est désormais un homme politique, représentant d'une parcelle de l'autorité légale du gouvernement français. À Tours, il rencontre Winston Churchill, Premier ministre anglais depuis le 10 mai 1940. Son visage poupin pourrait le faire passer pour un tendre! Mais c'est un véritable bull-dog à la dent dure, très critique pour les Français qui ne songent qu'à capituler. Il est partisan de la guerre jusqu'au bout, du repli des troupes britanniques en Angleterre et de la résistance à tout prix. De Gaulle est frappé par son énergie et son caractère. Il devine qu'un homme de cette trempe conduira l'Angleterre sans faiblir. Churchill est tout aussi impressionné par le général. «Vous êtes l'homme du destin», lui glisse-t-il à l'oreille. Il n'aperçoit en effet, dans l'entourage de Paul Reynaud, que des hommes défaits ou résignés. Seul de Gaulle semble résolu et confiant dans l'avenir en dépit du désastre.

Le 16 juin, Reynaud envoie de Gaulle en mission à Londres. Sitôt débarqué, le général demande à Churchill des navires pour assurer l'évacuation des forces armées vers l'Afrique du Nord afin de pouvoir poursuivre la guerre outremer. Churchill ne peut les lui assurer. Il réserve sa réponse tout en promettant de faire son possible.

Dans la soirée, de Gaulle atterrit à Bordeaux. où le gouvernement s'est installé après avoir quitté Tours. Il apprend alors qu'il ne fait plus partie du gouvernement! Paul Reynaud a démissionné, entraînant la chute de son gouvernement pour ne pas avoir à signer l'armistice comme le poussait à le faire la majorité de ses ministres.

Mais par qui a-t-il été remplacé? s'alarme de Gaulle.

Le président de la république Albert Lebrun a fait appel au maréchal Pétain. Il a déjà formé son gouvernement avec Weygand à la Défense nationale. Ils veulent envoyer des plénipotentiaires aux Allemands pour négocier l'armistice.

L'armistice? De Gaulle frémit... Cette fois, il n'a plus le choix. Il reprend aussitôt l'avion pour l'Angleterre avec son fidèle aide de camp, Geoffroy de Courcel. C'est un fugitif, un homme seul et démuni de tout.

Le général de Gaulle parlant au micro de la BBC en 1940. C'est alors, pour l'immense majorité des Français, un inconnu. Bien peu d'entre eux pourront prétendre avoir entendu le célèbre appel du 18 juin.

CHAPITRE CINQUIÈME

L'homme de Londres

Lorsque de Gaulle atterrit à Londres, il apprend que le maréchal Pétain vient de demander l'armistice et d'expliquer à la radio aux Français qu'ils doivent cesser le combat. Ces paroles sont imprudentes! En l'écoutant, de nombreux soldats confondront la demande d'armistice et la signature. Or, tant que rien n'est signé, la France est en guerre... Des centaines de milliers de soldats se rendent à l'ennemi et partent comme prisonniers dans les camps allemands alors qu'ils pensaient pouvoir enfin rentrer chez eux.

De Gaulle s'efforce de persuader Churchill qu'il représente, seul, l'honneur d'un pays vaincu. Il doit parler sur les ondes de la BBC, la radio nationale anglaise.

Or il n'est qu'un général de brigade à titre temporaire qui ne représente plus le gouvernement français, et Churchill n'est nullement tenu de l'écouter. Au contraire, le Premier ministre doit tout faire pour convaincre Pétain de ne concéder que le minimum à l'Allemagne et surtout préserver la flotte française et les colonies. Dans l'immédiat, il a plus besoin du maréchal que du général.

Pourtant, les officiers et les soldats français sont nombreux en Grande-Bretagne et les marins, dans les ports, servent toujours leurs unités de guerre. Si Pétain lâche tout aux Allemands, Churchill a besoin d'un Français qui puisse organiser la résistance. Il n'hésite pas longtemps. De Gaulle sera celui-là ! Grâce à lui, il pourra faire occuper par les Britanniques les colonies françaises et empêcher Pétain de livrer l'empire aux Allemands. Si de Gaulle est reconnu comme le représentant de la France, il devient une arme efficace contre les défaitistes qui entourent Pétain et qui croient à la victoire totale de l'Allemagne.

De son côté, de Gaulle est persuadé que les Allemands ne gagneront pas la guerre : le conflit va devenir mondial; les États-Unis vont entrer dans la guerre, même si le président américain, Roosevelt, s'est fait réélire en déclarant que les États-Unis resteront neutres. Car la victoire allemande sur la France change tout : la Grande-Bretagne est seule désormais. Roosevelt doit fournir à Churchill les armes dont il a besoin, il va même déclarer la guerre à l'Allemagne. Il en est certain.

Une voix française sur les ondes anglaises

Le 18 juin 1940 au soir, alors que l'armistice n'est pas encore signé, de Gaulle prend la parole sur les ondes de la BBC. Il affirme que la France a seulement été submergée par un matériel supé-

L'Homme de Londres

rieur. Un jour viendra où l'Allemagne pliera sous le poids d'un formidable réarmement américain. «La France n'est pas seule! lance-t-il d'une voix vibrante, cette guerre sera une guerre mondiale!»

De Gaulle refuse donc publiquement la défaite. Le devoir des Français est de résister à l'agresseur. Le général lance le mot d'ordre de la reprise du combat alors que Pétain essaye d'obtenir l'arrêt complet des hostilités. Lui, l'inconnu réfugié à Londres, appelle tous les Français à continuer le combat. Il conclut son appel sur ces mots : «Moi, général de Gaulle, actuellement à Londres, j'invite les officiers et les soldats français qui se trouvent en territoire britannique ou qui viendraient à s'y trouver, avec leurs armes ou sans leurs armes, j'invite les ingénieurs et les ouvriers spécialistes des industries d'armement qui se trouvent en territoire britannique ou qui viendraient à s'y trouver, à se mettre en rapport avec moi... Quoi qu'il arrive, la flamme de la résistance française ne doit pas s'éteindre et ne s'éteindra pas. Demain, comme aujourd'hui, je parlerai à la radio de Londres.»

L'appel du 18 juin vient d'être lancé; le processus est engagé. Le général français n'est peut-être pas écouté par beaucoup de Français, son nom est peut-être inconnu, mais pour ceux qui se sont réfugiés à Londres ou dans les ports anglais, sa voix deviendra rapidement familière. De Gaulle leur a demandé de le rejoindre, en armes, pour se battre.

Quatre jours plus tard, le 22, l'armistice est signé. De nombreux soldats et officiers présents sur le sol anglais regagnent la France pour être démobilisés. Pour eux, la guerre est finie. Mais une poignée d'hommes se regroupent autour du général : cela lui suffit pour persévérer.

«En ces heures douloureuses, je pense aux malheureux réfugiés qui, dans un dénuement extrême, sillonnent nos routes. Je leur exprime ma compassion et ma sollicitude. C'est le cœur serré que je vous dis aujourd'hui qu'il faut cesser le combat.»
Maréchal Pétain,
17 juin 1940.

Un hors-la-loi nommé de Gaulle

De Gaulle a l'appui de Churchill. Il ne redoute que deux choses : que les Allemands mettent la main sur la flotte française et que les colonies et protectorats français se rallient à Pétain. Car alors, comment pourrait-il continuer la guerre, sans navires et sans bases territoriales?

L'armistice le rassure partiellement sur ces deux points. Les navires de guerre rassemblés dans les ports français, désarmés et neutralisés, ne seront pas remis à Hitler. Quant aux colonies, elles resteront françaises. En revanche, le territoire métropolitain est bientôt divisé en sept zones. Le nord du pays et toute la région atlantique sont occupés par les Allemands, la France du sud est libre, les frontières du nord et du nord-est sont zones interdites tandis que l'Alsace et la Lorraine sont annexées au Reich. Le gouvernement signe aussi un armistice avec l'Italie, entrée tardivement dans la guerre aux côtés de l'Allemagne et qui obtient une zone d'occupation dans les Alpes-Maritimes. De plus, la France doit payer une lourde indemnité de guerre et pourvoir aux frais d'entretien des troupes d'occupation. L'armistice, signé le 22, entre en vigueur le 25 juin à 1 heure 35.

Les Français tentent alors de rejoindre leurs foyers le plus vite possible. Yvonne de Gaulle ne souhaite pas rester en Bretagne. Elle n'a qu'une idée en tête : rejoindre son mari, où qu'il soit. Elle parvient à embarquer à Brest avec ses trois enfants et retrouve Charles à Londres. Ils vivent d'abord à l'hôtel, puis dans une villa. Philippe deviendra marin, Élisabeth poursuit ses études à Oxford.

Quand l'armistice est signé, de Gaulle forme à Londres, en accord avec Churchill, un simple Comité national de la France libre. Le gouver-

L'homme de Londres

nement du maréchal Pétain, installé à Vichy, en zone libre, le destitue de son grade de général. Un décret le met à la retraite d'office. Puis de Gaulle est condamné à quatre ans de prison par un tribunal militaire de Toulouse. Cette fois, il n'a plus rien à espérer. C'est un hors-la-loi!

Il poursuit cependant son action et reçoit des ralliements de Français du monde entier. Des civils et des militaires le rejoignent. Certains viennent de France, d'autres de Chine, d'Égypte, du Cap, du Canada, des États-Unis. Il a écrit personnellement aux gouverneurs et administrateurs des colonies. Bien peu lui répondent! Ils restent en effet fidèles à l'autorité légale, celle du maréchal Pétain. La plupart d'entre eux n'ont d'ailleurs jamais rencontré le général. Ont-ils même jamais entendu parler de lui?

De Gaulle à son bureau au quartier général des Forces françaises libres à Londres. C'est alors que fut imaginé la célèbre formule : «La France a perdu une bataille! Mais la France n'a pas perdu la guerre!»

89

Et pourtant, les premières réponses favorables commencent à arriver. Le Tchad, le Congo et l'Oubangui Chari (devenu aujourd'hui République Centre-Africaine) en Afrique équatoriale lui affirment leur attachement. Sur place, il suffit parfois d'une poignée d'hommes résolus autour du gouverneur ou d'un chef militaire pour faire pencher la balance. Il reçoit plus tard l'adhésion du Cameroun, de la Côte-d'Ivoire, des Nouvelles-Hébrides, de la Nouvelle-Calédonie et de Tahiti.

En revanche, l'Afrique du Nord reste fidèle à Pétain et à Weygand qui a reçu le commandement de l'armée d'armistice. Le 3 juillet, les Anglais lancent un ultimatum à la flotte française désarmée et rassemblée dans le port de Mers el-Kébir, sur le golfe d'Oran, en Algérie.

Churchill demande aux marins de gagner les ports des Antilles, hors de portée des Allemands, pour continuer à se battre. La réponse est négative. Churchill décide alors de faire bombarder les navires français. Les canons crépitent et font près de 1400 morts. Pour de Gaulle, c'est une catastrophe! Après un coup pareil, les Français d'Algérie deviennent furieusement anti-anglais, tout comme les marins attachés à la politique de Pétain.

À Vichy, qui fait maintenant office de capitale, le maréchal engage alors une modification radicale des institutions. Le 10 juillet 1940, un vote lui donne les pleins pouvoirs pour modifier la Constitution. Il prend aussitôt le titre de chef de l'État français : 569 députés ont voté pour, 80 seulement contre. Les Français ne sont plus représentés, la IIIe République est morte, la France de Vichy vient de naître.

* Le maréchal Pétain, qui a été proclamé «chef de l'État» par l'écrasante majorité des parlementaires (sénateurs et députés), détient les pouvoirs exécutif et législatif mais aussi des fonctions administratives et judiciaires.

«La France a perdu une bataille! Mais la France n'a pas perdu la guerre!»

De Gaulle ne reste pas inactif. L'affaire de Mers el-Kébir a affaibli sa légitimité. Comment maintenir le principe de la poursuite de la guerre aux côtés de la Grande-Bretagne alors que les navires anglais viennent de couler une flotte française désarmée? Churchill reconnaît le général comme «chef de tous les Français libres», ce qui lui donne l'autorité officielle qui lui manquait jusqu'alors. L'amiral Muselier a rallié Londres à partir de Gibraltar avec quatre cargos français qu'il a su convaincre de s'engager dans le combat. Muselier invente le symbole de la croix de Lorraine comme emblème de la France libre. Bientôt, des affiches tricolores du général affirmant : «La France a perdu une bataille! Mais la France n'a pas perdu la guerre!» fleurissent sur les murs de Londres.

De Gaulle a établi son quartier général dans un immeuble de Covent Garden, au cœur de la capitale britannique. De là, il reçoit des ralliements individuels de plus en plus nombreux. Le 14 juillet, il est en mesure de faire défiler une petit troupe de 3 000 hommes et femmes dans les rues de Londres. Leurs uniformes sont ornés d'une croix de Lorraine. Une centaine de pêcheurs de l'île de Sein ont gagné l'Angleterre. Philippe, le fils du général, s'est lui-même engagé dans les forces navales françaises. Il sert bientôt sur une vedette lance-torpille. Churchill fait exposer dans Londres un petit avion allemand volé sur une base militaire par de courageux jeunes Français qui se sont posés sans dommage en territoire britannique. De tous les ports bretons, vendéens et basques partent des embarcations pour l'Angleterre.

Le 2 août, le gouvernement de Vichy estime que le tribunal militaire n'a pas condamné de Gaulle à une peine suffisante. Pétain redoute que des militaires rejoignent en nombre croissant les mouvements de résistance qui se sont constitués dans l'armée en liaison avec l'Intelligence Service, le service de renseignement britannique. Un nouveau tribunal est réuni à Clermont-Ferrand. Cette fois, le général est condamné à mort par contumace. En Afrique du Nord, l'antigaullisme s'affirme bien que les consuls américains commencent à installer dans les villes de discrets services de renseignement.

De Gaulle décide alors de frapper l'Empire à la tête. Une action au Maroc ou en Algérie est impossible? Alors, il faut rallier l'Afrique noire à la France libre et débarquer à Dakar. Le général sait que le gouverneur général du Sénégal est fidèle au maréchal Pétain et que les canons du cuirassé *Richelieu* mouillé dans la rade de Dakar risquent de tirer sur la flotte pour venger les morts de Mers el-Kébir. Il prend néanmoins le risque. Churchill accepte de lui fournir un navire hollandais, le *Westernland*, pour transporter ses troupes. Il sera protégé par une flotte anglaise.

Le 24 septembre, de Gaulle arrive en vue de Dakar. Les canons français tirent sur lui. L'opération est un échec. Dakar reste fidèle au maréchal Pétain. Cette tentative malheureuse diminue le prestige du général auprès des Britanniques

Les Américains ont maintenu leur ambassadeur à Vichy et ne veulent pas entendre parler du général hors-la-loi. De Gaulle est désormais convaincu que la plupart des responsables d'outre-mer préféreront faire tirer sur des Français plutôt que s'engager aux côtés de l'Angleterre contre Pétain. La situation n'est pas vraiment encourageante...

Le maréchal persiste, lui, à croire à la défaite de la Grande-Bretagne. Pourtant, rien ne permet de le supposer! L'aviation allemande a lancé de nombreux raids terroristes contre les villes anglaises au cours de l'été, mais le projet d'invasion d'Hitler a échoué. L'armée allemande installe des bases le long des côtes de la Manche et de l'Atlantique, mais en restera là.

Les avions qui bombardent les villes anglaises décollent des aérodromes français; les sous-marins qui coulent les navires britanniques partent des ports de Brest, de Lorient, de Saint-Nazaire. C'est grâce à l'occupation du territoire français que les Allemands mènent une guerre sans merci à Churchill. À l'automne 1940, Pétain demande à rencontrer Hitler pour lui offrir sa collaboration. Cette rencontre va, plus

Le 24 octobre 1940, Pétain rencontre Hitler à Montoire.
La poignée de main échangée entre les deux hommes scelle la collaboration de l'État français avec l'Allemagne.

que tout, permettre à de Gaulle de s'imposer et de devenir le porte-parole de la résistance.

La poignée de main de la honte

La rencontre a lieu à Montoire, dans le Loir-et-Cher, le 24 octobre 1940.

«Je salue en vous, Monsieur le maréchal, un des rares Français qui n'aient pas souhaité la guerre contre l'Allemagne», lance Hitler d'une voix forte.

En abordant ainsi Pétain, le chef du Troisième Reich est sincère. Les spécialistes allemands du renseignement lui ont fourni un épais dossier sur le maréchal. Il sait qu'avant la guerre Pétain était hostile à un nouvel affrontement franco-allemand. Peut-être est-il aussi sensible au prestige du héros qui s'est illustré pendant la Première Guerre mondiale... Mais Hitler est venu à Montoire en vainqueur. Il n'a pas besoin d'offrir quoi que ce soit à Pétain.

Le chef de l'État français, attend, lui, beaucoup du Führer. Il veut obtenir le rapatriement des prisonniers, la diminution des frais d'occupation, la libéralisation des échanges entre la zone libre et la zone occupée séparés par une infranchissable ligne de démarcation. Le gouvernement du maréchal a déjà fait beaucoup pour plaire aux Allemands.

Sans qu'on le lui demande, il a introduit en France la législation antisémite pratiquée en Allemagne. Les Juifs ont été exclus des carrières publiques. Impossible désormais, pour un Juif, d'être enseignant ou juge. Ils ne sont plus acceptés qu'en nombre limité dans les universités. Aussi souhaite-t-il conclure rapidement une paix définitive avec l'Allemagne qui ne soit pas humiliante pour la France.

Mais Hitler n'en a cure. Il a besoin des ressources agricoles et industrielles françaises sur lesquelles il a d'ailleurs déjà fait main basse. Grâce à la zone d'occupation, il tient solidement les bases territoriales qui lui permettent d'agir contre l'Angleterre. Il n'a rien à attendre d'un partenaire français puisque tout ce qu'il désire, c'est une France asservie. Il accepte bien entendu l'offre de collaboration du maréchal mais ne lui propose rien en échange.

Une vigoureuse poignée de main scelle leur entente sous les flashes crépitants des photographes. Pétain a ruiné son prestige sans rien obtenir de l'occupant. Cette célèbre «poignée de main de Montoire» rend les plus grands services aux gaullistes!

Et si de Gaulle avait raison?

À l'automne 1940, les Français ont déjà fait l'expérience de l'occupation et de ses servitudes. le drapeau nazi à croix gammée flotte à Paris sur tous les bâtiments officiels; le drapeau français n'a plus le droit d'être arboré qu'en zone libre. La correspondance entre les zones est strictement contrôlée par l'occupant. Il faut des laissez-passer spéciaux pour se rendre d'une zone à l'autre et les «passeurs» qui se chargent de faire franchir illégalement la ligne aux personnes en difficulté, comme les Juifs ou les prisonniers évadés, prennent de gros risques.

Le gouvernement du maréchal Pétain développe en zone libre toute une propagande baptisée «Révolution nationale». Elle désigne comme responsables de la défaite les hommes politiques de la IIIe République en général et du Front populaire en particulier, les Juifs et les francs-maçons considérés comme favorables aux intérêts étrangers, les communistes et les syndicalistes. Cette politique de répression permet d'exclure en nombre des fonctionnaires de l'administration, des officiers de l'armée et des étudiants des facultés. Fuyant les lois antisémites, de nombreux Juifs essayent de passer outre-mer dans des conditions périlleuses. Ceux qui ont fui l'Allemagne ou l'Europe centrale sont arrêtés et conduits dans des camps insalubres gardés par des militaires français.

En trois mois, l'État français a fait connaître sa vraie nature! Il est la revanche de la droite contre la République et n'hésite pas à faire interner les anciens leaders politiques. Un grand procès est organisé à Riom, dans le Puy-de-Dôme, pour les juger. Les accusés se défendent en attaquant le gouvernement. Les Allemands exigent bientôt que ce procès, dont le ridicule dessert plutôt le régime de Vichy, soit interrompu.

La presse est contrôlée et censurée par les Allemands. Sur les ondes de Radio-Paris, la radio «nationale», des chroniqueurs payés par les Allemands, relaient les mots d'ordre de la propagande ennemie. L'un d'eux termine chaque jour son bulletin par : «L'Angleterre, comme Carthage, doit être détruite!» À Londres, la BBC émet en langue française des émissions quotidiennes animées par des journalistes de talent qui n'hésitent pas à inventer des formules de dérision pour ridiculiser l'ennemi. L'humoriste Pierre Dac a ainsi lancé une formule demeurée célèbre : «Radio Paris ment, Radio Paris ment, Radio Paris est allemand».

Les Français commencent à écouter les discours et les interventions du général de Gaulle, annoncés à l'avance par son équipe de rédacteurs. Les émissions de la BBC sont brouillées par les Allemands, mais quelques auditeurs s'obstinent à capter ces «ondes de la liberté» qui dénoncent les manœuvres de l'ennemi et les injustices du gouvernement de Vichy.

Radio-Londres insiste sur la soumission du

* En France, les ordonnances allemandes prévoient la peine de mort pour propagande anti-allemande, voies de fait contre les militaires allemands, écoute des émissions de radio autres qu'allemandes ou vichyssoises. Peine de mort également pour aide aux ennemis de l'Allemagne.

régime à l'ennemi et sur sa nocivité pour la nation. Le public, encore massivement «maréchaliste», se laissera gagner peu à peu. Pour l'instant, il éprouve tous les jours les plus grandes difficultés à trouver du ravitaillement et des emplois, à circuler dans les zones occupées, et il attend sans espoir la libération des prisonniers retenus dans les camps allemands.

De Gaulle, hier inconnu, commence à sortir de l'anonymat. Le bouche-à-oreille répand sa biographie, sa participation à la guerre, ses idées sur l'élargissement prochain du conflit. On mur-

De Gaulle et son épouse à la fenêtre de leur domicile de la banlieue de Londres. Peu après la signature de l'armistice, toute la famille de Gaulle a rejoint le général en Grande-Bretagne.

mure que la résistance s'organise et que certains officiers de l'armée d'armistice sont gagnés à sa cause.

Les premières manifestations de la Résistance

Différents mouvements se constituent en effet, mais souvent sans lien direct avec les Français de Londres. Beaucoup prennent leurs consignes et reçoivent des moyens d'action, notamment des postes de radio, directement de l'Intelligence Service britannique. Un officier français, Henri Frenay, a fondé le mouvement Combat qui prend contact avec Londres seulement après avoir développé son propre réseau et être devenu opérationnel. Il en est de même pour les autres mouvements créés en zone libre, comme Franc-Tireur ou Libération. Les chefs de ces réseaux recommandent d'agir sur l'opinion en diffusant des tracts et des journaux clandestins*. Tous approuvent l'action du général de Gaulle, mais ils sont encore indépendants et sans lien formel avec Londres.

* Le développement de la Résistance est plus net en zone occupée où naissent, souvent autour de journaux clandestins, plusieurs mouvements : Musée de l'Homme, Valmy, Libération Nord, O.C.M., Ceux de la Résistance, etc.

Pourtant, les gaullistes développent leurs propres réseaux de renseignement et d'action et disposent de soutiens dans l'armée d'armistice, la gendarmerie, l'administration, aux PTT, dans les chemins de fer, les milieux enseignants et dans la presse.

Cette mise en alerte de la population est-elle efficace? Sans doute et pas seulement en zone libre. Le 11 novembre 1940, jour anniversaire de l'armistice de 1918, une manifestation de jeunes à Paris attire brusquement l'attention du pays tout entier. Ce jour-là, des étudiants et des lycéens se rendent à l'Arc de Triomphe pour manifester devant la tombe du soldat inconnu. Les Allemands avaient interdit toute célébration de l'anniversaire de la victoire de 1918. Ces jeunes, presque des enfants, défilent sur les Champs-Élysées en criant «Vive de Gaulle!». Certains portent sur l'épaule deux cannes à pêche (deux gaules!) pour attirer l'attention des Parisiens.

La police intervient brutalement. Les Allemands surgissent, mitraillette au poing. Les étudiants sont ceinturés, poursuivis, arrêtés. L'un d'eux, Pierre Lefranc, n'a pas dix-huit ans. Il ne sait pas encore qu'il rejoindra de Gaulle et deviendra son fidèle collaborateur. Il est conduit au poste comme les autres. Les ambulances se précipitent pour soigner les blessés. Il n'y a pas de morts, mais la rumeur amplifie l'événement. En province, on parle de 300 morts. Tous les journaux sont alertés. Ils condamnent bien sûr le mouvement pour obéir aux consignes de Vichy et de la censure allemande. La radio de Londres diffuse des commentaires sur l'événement dont elle parle comme d'une des premières manifestations de résistance du peuple français.

La cérémonie du 11 novembre, mal préparée, anarchique, regroupant un petit nombre de manifestants, n'est pas de nature à inquiéter vraiment l'occupant. Pourtant, cet acte de bravoure d'une folle impétuosité, popularise immédiatement le gaullisme. À la fin de l'année 1940, les Français connaissent tous l'existence du général de Gaulle et les mobiles de son engagement. Il a gagné la première bataille.

Le général de Gaulle est accueilli à sa descente d'avion par le gouverneur du Tchad, Félix Éboué. Le Tchad a été l'une des premières colonies d'Afrique à rallier de Gaulle (août 1940). On reconnaît sur le flanc de l'avion la croix de Lorraine, symbole de la France libre.

CHAPITRE SIXIÈME

Face aux Américains

Désobéir à Vichy, un devoir civique

En 1940, de Gaulle doit s'imposer auprès des Alliés et prouver à Churchill et même à Roosevelt (qui ne l'estime guère) que tous les hommes politiques français décidés à continuer le combat se sont ralliés à lui, qu'ils soient réfugiés à Londres ou qu'ils militent et combattent en France dans les réseaux de résistance.

Pour l'instant, son pouvoir n'est pas légal alors que celui de Pétain l'est. Les partisans du maréchal sont bien plus nombreux. Pétain bénéficie d'un grand soutien, notamment auprès des fonctionnaires civils et militaires. Plus leur poste, leur rôle, leurs moyens sont importants, moins ils ont tendance à se rallier à de Gaulle.

Il y a cependant quelques exceptions. Le 27 août 1940, le gouverneur du Tchad, Félix

Éboué, se rallie à l'homme de Londres. Cet exemple est bientôt suivi par les possessions françaises d'Afrique équatoriale et d'Océanie et par la Guyane. En revanche, l'Afrique du Nord et l'Afrique de l'Ouest restent fidèles au maréchal.

Dès lors, de Gaulle va déclarer la guerre à Vichy. Il n'oublie pas que, lorsqu'il a essayé de débarquer à Dakar, il a dû essuyer le feu des canons français! Il a tiré de cet échec une conclusion : les vichystes doivent être condamnés! Il intensifie la propagande sur ce thème à la radio de Londres et ordonne de résister par tous les moyens à ce gouvernement qui organise, sous la tutelle allemande, «la destruction matérielle et morale de la France». Il lance un avertissement sans équivoque : quiconque ne s'efforce pas de combattre, soit par les armes, soit par des moyens indirects, est coupable envers la patrie. La désobéissance à Vichy est un devoir national. Tous ceux qui facilitent les entreprises de Vichy sont coupables envers la France.

On ne saurait être plus clair : les Français d'Afrique du Nord sont prévenus et les collaborateurs de la métropole aussi. Les seuls qui seront acceptés dans le ralliement gaulliste sont ceux qui participent immédiatement, selon leurs capacités, à la lutte contre l'ennemi. Il y a donc deux sortes de Français : ceux qui continuent d'approuver ou de subir passivement la capitulation et les autres, ceux de la Résistance.

Le ralliement progressif de l'Empire à la cause gaulliste

Dès le mois d'octobre 1940, à Brazzaville, capitale de l'Afrique-Équatoriale française qui s'est ralliée à lui, il s'intitule «chef des Français libres» et déclare que «l'organisme sis à Vichy et

Face aux Américains

De Gaulle passe en revue les troupes à Libreville, au Gabon, le 15 novembre 1940. Colonie depuis 1910, au sein de l'Afrique-Équatoriale française, ce territoire s'est rallié à la France libre parmi les premiers.

qui prétend porter le nom de gouvernement français est anticonstitutionnel et soumis à l'envahisseur». Il prend l'engagement, après la libération, de rendre compte de ses actes aux représentants du peuple français dès qu'il lui aura été possible d'en désigner librement. En d'autres termes, il condamne le régime de Vichy qui a pris le pouvoir dans des conditions illégales.

Pour le général, les collaborateurs sont des ennemis à combattre au même titre que les Allemands. Afin d'organiser les opérations dans tous les territoires français, il crée le Conseil de défense de l'Empire qui comprend des civils et des militaires, tous entièrement dévoués à la cause gaulliste. Il préside ce conseil dont les

Le général Weygand, Paul Reynaud et le maréchal Pétain à la sortie d'une réunion du Conseil en juin 1940. Weygand, après avoir été ministre de la Défense nationale, est nommé délégué général du gouvernement en Afrique française. Quant à Paul Reynaud, il sera interné sur ordre de Pétain en septembre 1940.

objectifs sont clairement définis. D'abord, il s'agit de défendre les territoires ralliés contre les entreprises de Vichy qui pourrait un jour y offrir des facilités à l'Allemagne. Ensuite, éventuellement, de reconquérir les territoires occupés par les forces de Vichy, comme par exemple le Gabon.

Pour regrouper les forces politiques, il crée aussi à Londres une Direction des affaires politiques de la France libre qui a pour objet de «grouper et d'exploiter les informations concernant la situation politique en France et dans l'Empire». C'est, en d'autre termes, un service d'espionnage.

De Gaulle est persuadé que Vichy est incapable de protéger les territoires français de l'Empire. Or les Allemands ont décidé d'intervenir en Orient. Au début de 1941, l'amiral Darlan, vice-président du Conseil de Vichy, vient de leur livrer les aéroports français. Ces facilités accordées à l'Allemagne peuvent suggérer à Hitler l'idée d'envahir l'Afrique du Nord. La menace se précise.

Le 7 juin 1941, les Anglais se décident à agir en Syrie. Les troupes de la France libre sont à leurs côtés, et de Gaulle surveille lui-même l'exécution des opérations militaires. L'armée vichyste, commandée par Dentz, capitule après une résistance acharnée. De Gaulle attribue cette attitude à «l'honneur professionnel des officiers» et pense que les soldats se rallieront massivement aux Forces françaises libres.

L'indépendance de la Syrie et du Liban est proclamée. Un armistice est signé le 14 juillet 1941, à Saint-Jean-d'Acre, en Palestine. Il stipule que les Français seront rapatriés vers Vichy sans que le choix de partir ou de rester leur soit donné. Les Anglais le signent, mais ils n'ont pas consulté de Gaulle qui proteste en vain. Il est clair que les Britanniques pensent d'abord à leur propre intérêt dans la guerre. De Gaulle est inquiet. Adopteront-ils la même attitude s'ils débarquent, comme prévu, en Afrique du Nord? Transigeront-ils avec Vichy?

L'Allemagne déclare la guerre à l'URSS

Le 22 juin 1941, les prédictions de De Gaulle se réalisent. L'armée allemande envahit l'URSS malgré le pacte germano-soviétique signé entre Staline et Hitler en 1939.

La rupture de l'alliance change le jeu. La résistance de la Grande-Bretagne a déjà permis d'espérer l'usure à terme de la machine de guerre allemande. On attendait l'entrée en guerre des États-Unis, mais c'est du côté de l'Union soviétique que s'élargit le conflit. Désormais, les Allemands devront se battre sur deux fronts, à l'Est et à l'Ouest. L'Angleterre n'est plus la seule à se battre contre l'Allemagne. Dès le début de l'opération, Churchill propose à Staline son aide matérielle et sollicite la conclusion d'une alliance en bonne et due forme.

De Gaulle a plus que jamais besoin d'être reconnu par les Alliés. Pour renforcer son autorité, il fonde à Londres le Comité national de la France libre. C'est un véritable cabinet de guerre où il fait entrer des hommes politiques auparavant engagés dans l'appareil d'État. «Mon comité national a le caractère d'un gouvernement de fait, explique-t-il, parce que son autorité a une base territoriale en Afrique et dans les autres colonies ralliées, et qu'il dispose de troupes engagées dans le combat.» Dans l'esprit du général, il constitue les bases d'un gouvernement prêt à prendre le pouvoir lorsque la guerre sera finie.

La Résistance s'organise

Tandis que de Gaulle cherche à se faire reconnaître des Alliés, en France, l'entrée en guerre de l'Allemagne contre l'URSS permet à la Résistance de s'organiser. Certains communistes français, persécutés par le régime de Vichy, avaient déjà organisé une action clandestine*. Mais ils ne pouvaient officiellement renier la politique de Staline allié de Hitler. Désormais, ils peuvent engager une lutte armée qu'ils entreprennent aussitôt avec leurs moyens propres et leur conception de la résistance. Ils forment des équipes au sabotage et expliquent à leurs militants que seule l'action directe peut conduire à la victoire en obligeant l'ennemi à maintenir des effectifs en France occupée.

* Les résistants communistes préconisent une action immédiate, incessante, seule capable à leurs yeux de soulever les masses populaires.

Face aux Américains

Le 21 août 1941, Pierre Georges, un jeune militant communiste de vingt-deux ans, qui prendra le nom de guerre de colonel Fabien, tue d'un coup de revolver un officier de la marine allemande, sur le quai de la station de métro Barbès-Rochechouart à Paris. C'est le premier attentat d'action directe et il est aussitôt connu dans toute la France. Le jeune résistant échappe aux poursuites, tandis que, en représaille, les Allemands exécutent des otages. La France entre dans le cycle de la violence.

À Vichy, on impute les attentats au gaullisme. Bientôt, la propagande répand l'image d'un de Gaulle communiste auquel s'oppose le régime du maréchal Pétain, héritier de la tradition française d'anticommunisme. On commence à présenter la campagne allemande en Russie comme

Des résistants utilisant un émetteur-récepteur radio. L'un des problèmes majeurs de la Résistance est de trouver des armes et du matériel. La Grande-Bretagne organise les parachutages que de Gaulle réclame.

une croisade de l'Europe contre le bolchevisme.

De Londres, de Gaulle fustige un régime qui laisse prendre et fusiller des otages français sans réagir. Le lieutenant de vaisseau d'Estienne d'Orves, qui a expédié en Angleterre des renseignements sur la position des armées allemandes, est arrêté au début de l'année 1941 et fusillé le 29 août. Une première vague d'otages tombe sous le feu des pelotons d'exécution allemands. Des affiches reproduisent les photographies des victimes et sont placardées par les Allemands sur les murs des villes où les attentats ont eu lieu, pour servir d'exemple. À Nantes, le 20 octobre, à Bordeaux, le 21 octobre, 98 otages sont passés par les armes. En donnant de la publicité à ces représailles sanglantes, les Allemands croient terroriser la population. Ils ne font que renforcer le mouvement de résistance et accroître le crédit de De Gaulle.

Les fusillés ont des familles; les familles ont des amis. Ils seront plus de 30 000 à trouver la mort. Les lettres qu'ils écrivent au moment de leur exécution circulent de main en main comme témoignages de leur martyre. La politique de l'action directe renforce le pouvoir d'attraction du gaullisme de Londres. Comme si le seul espoir ne pouvait venir que des Français libres...

Les Allemands sont engagés dans une guerre beaucoup plus dure, depuis quelques mois. La Wehrmacht est aux portes de Moscou mais Staline fait venir en renfort les troupes de Sibérie. L'offensive échoue. Il faudra une deuxième tentative... C'est alors que les États-Unis entrent en scène.

Les États-Unis entrent en guerre

Le 7 décembre 1941, les Japonais, alliés de Hitler, détruisent la flotte américaine dans le port de Pearl Harbor, aux îles Hawaii. Cette fois, les États-Unis ne peuvent rester neutres. Roosevelt déclare la guerre d'abord au Japon, puis à l'Allemagne et à l'Italie. La prédiction de De Gaulle est enfin pleinement confirmée. La première puissance industrielle du monde est entrée en guerre. Le conflit est devenu mondial. Cette fois, l'Allemagne n'a pas les moyens de remporter la victoire.

Il n'existe plus de gouvernement français, déclare de Gaulle. Il faut qu'un pouvoir nouveau assume la charge de diriger l'effort français dans

Churchill et de Gaulle incarnent la résistance à l'Allemagne. Le premier fait échouer les tentatives de débarquement en Grande-Bretagne, le second sape l'autorité de Pétain en organisant peu à peu tous les mouvements de résistance de France.

la guerre. Ce pouvoir, il entend l'exercer lui-même, mais cela suppose une aide sans défaillance des Alliés. Si Churchill a toujours soutenu les Français libres, il n'en est pas de même de Roosevelt. Le président américain[*] considère Pétain comme le représentant légal de la France et refuse de négocier avec De Gaulle.

En revanche, pour Churchill, le développement des réseaux communistes rend nécessaire le recours à l'autorité du général si l'on veut éviter que la France ne tombe aux mains des communistes à la libération. Le Premier ministre anglais souhaite éviter l'évolution de la Résistance française vers la gauche communiste et considère de Gaulle comme le seul interlocuteur possible. Il faut qu'il devienne le représentant unique de tous les réseaux de résistance, à commencer par les réseaux communistes.

Les Américains et les Anglais ne sont donc pas du tout d'accord, et leur doctrine est loin d'être fixée. De Gaulle souffre de cette indécision qui l'empêche de bénéficier de tous les secours qu'il est en droit d'attendre. Il comprend qu'une entente avec Roosevelt est plus que jamais nécessaire. Il sait qu'il a besoin des armes modernes des Américains pour continuer la guerre. Il veut surtout être reconnu pour pouvoir s'imposer auprès des gouverneurs et généraux fidèles au régime de Vichy en Afrique du Nord et à Madagascar.

Il va tout faire pour séduire le président américain. Il explique que les Soviétiques ont reconnu le Comité national de la France libre qu'il a créé à Londres; n'est-il pas anormal que les Américains se fassent encore prier?

Le général n'a pas le choix : il doit prouver qu'il est bien le chef reconnu de tous les mouvements de résistance et qu'il est soutenu par tous les anciens partis démocratiques du Parlement

[*] Le président américain Roosevelt, après la défaite de la France, obtient du Congrès, en dépit d'une opinion non-interventionniste, des crédits pour le réarmement, l'établissement de la conscription et cède

dissous par Pétain. Pour dissiper les malentendus, il rédige un long mémorandum sur la France libre. «Je suis partisan des principes démocratiques tels que la Révolution française les a fait triompher en France et dans le monde, affirme-t-il. Je n'accepte ni complot, ni restauration monarchique, ni dictature d'aucune personne, d'aucun groupement, d'aucune classe sociale. Seul le peuple français choisira, le moment venu, ses institutions.»

Certes, il parle en son nom, mais il prétend représenter «la pensée de la France». Des démocrates reconnus ne soutiennent-ils pas la France libre? Il s'efforce surtout de faire comprendre que Vichy ne représente pas la France.

«L'esprit de résistance est d'abord celui des régions occupées, insiste-t-il. Il ne faut pas juger d'après les contacts pris à Vichy ou à Casablanca : la vraie France est de Lille ou de Rennes, de Strasbourg et de Bordeaux. C'est la France douloureuse, celle qui demain aura la parole.» Parviendra-t-il à convaincre Roosevelt que cette France-là est entièrement, définitivement gaulliste?

La lutte contre Roosevelt

Le 5 mai 1942, les Anglais s'emparent de Diego-Suarez, à Madagascar. De Gaulle n'a pas été prévenu. Les Anglo-Saxons l'ont ouvertement ignoré et ont engagé leurs troupes, sans même l'avoir consulté. Il se plaint, exige qu'une telle action ne se reproduise pas.

Visiblement, les Anglais se sont rapprochés des Américains... À Madagascar, l'administration vichyste est maintenue, malgré les protestations du général. Autre indice défavorable : un accord vient d'être conclu à la Martinique entre l'amiral Robert, représentant de Vichy, et l'amiral Horne, représentant de Roosevelt. Il est clair que le président américain entend considérer la France de Vichy comme puissance neutre et traiter éventuellement avec elle. En aucun cas, il ne semble avoir l'intention de reconnaître la France combattante et de Gaulle.

Le général s'efforce alors de renverser l'opinion américaine en sa faveur. Il sait que de nombreux hauts fonctionnaires français ont trouvé refuge aux États-Unis et tente de les rallier à sa cause. C'est un échec. Mais il remporte cependant une petite victoire en obtenant des Anglais qu'une administration gaulliste remplace les vichystes à Madagascar.

Roosevelt ne bouge pas d'un millimètre et reste hostile aux Français libres. Malgré tous les efforts de De Gaulle, pas le moindre écho de Washington sinon des bruits inquiétants selon lesquels les Alliés prépareraient une opération en Afrique sans y associer la France libre.

De Gaulle prend la plume et écrit à Tixier, son représentant aux États-Unis, pour qu'il fasse connaître son indignation auprès des autorités américaines. «Cette opération relève de l'impérialisme américain et menace les intérêts français.» Il envisage de poursuivre la lutte contre l'ennemi par d'autres moyens. En juin 1942, il songe à rompre avec Londres et Washington et demande alors à Tixier de garder le contact avec l'ambassadeur soviétique à Washington. Envisage-t-il de se rapprocher de Staline ou tente-t-il une manœuvre pour faire réfléchir Roosevelt?

Il tient un discours virulent à l'ambassadeur de Churchill : Les Américains sont engagés dans une politique qui, pour nous, est désastreuse. L'appui donné à Vichy par Washington ne peut avoir qu'un aboutissement : la révolution en France!

«Dans ces conditions, la perspective de voir les Américains s'installer, par exemple, à Dakar ou à Alger, nous remplit d'une extrême méfiance.» Cette fois, c'est clair, de Gaulle vient presque de déclarer la guerre aux Américains!

Un appui bienvenu, celui des Soviétiques

Le 14 juillet 1942, de Gaulle transforme la France libre en France combattante. Il entend ainsi se préparer à l'entrée en scène d'une armée française aux côtés des Alliés dans la perspective d'un débarquement en Afrique du Nord. Mais nul ne le tient au courant des projets. Il soupçonne cependant qu'une opération importante est en préparation. Les Américains ont en effet demandé l'utilisation de la base de Pointe-Noire, au Congo, pour leurs avions militaires. Le général sait que les Américains vont essayer de prendre pied en Afrique. En Afrique du Nord ou en Afrique occidentale? Il ne le sait pas encore.

Le 29 juillet 1942, rencontrant Churchill, il laisse éclater sa colère.

«Vous avez voulu traiter avec le représentant de Vichy à Madagascar? Qu'est-ce que cela signifie? Quel jeu jouez-vous?

— Nous ne voulions pas mêler deux choses, répond Churchill. La conciliation et la force. Cela n'avait pas réussi à Dakar!»

De Gaulle lui lance un regard méprisant.

«Quand vous traitez avec Vichy, vous traitez avec Hitler!»

Churchill ne répond pas. Le général l'a-t-il convaincu?

En fait, les Soviétiques sont les seuls à lui manifester un soutien. Le 28 septembre, Moscou reconnaît la France combattante et le

Comité national français. Les Américains, quant à eux, continuent d'ignorer le général.

Le 24 octobre, les services de renseignement de la France libre avertissent de Gaulle que le général Giraud s'apprête à partir pour l'Afrique du Nord. Son départ a été organisé par les Américains et les services secrets britanniques. Giraud, général d'armée français, s'est évadé d'un camp d'Allemagne et a prêté serment au maréchal Pétain en s'engageant à renoncer à toute action politique. Ce n'est pas vraiment un gaulliste, c'est le moins qu'on puisse en dire...

De Gaulle en conclut qu'il doit, plus que jamais être reconnu par les Alliés. Pour les impressionner favorablement, il lui faut ouvrir son mouvement à des personnalités reconnues par les Américains. Il doit surtout renforcer ses liens avec la Résistance intérieure : c'est son dernier atout.

Face aux Américains

De Gaulle passe en revue des troupes des Forces françaises libres au Soudan (Afrique-Occidentale française) dont le gouverneur a rallié le camp gaulliste.

*Un acte de sabotage
de la Résistance :
le déraillement d'une
locomotive.*

CHAPITRE SEPTIÈME

Le chef de la Résistance

Une politique indigne

En France, loin d'être affaiblis par la répression, les mouvements de résistance se renforcent. En zone libre, la presse clandestine s'attaque au régime de Vichy dont elle dénonce les trahisons et les complicités avec l'occupant hitlérien. Les renseignements obtenus par les réseaux dans la zone occupée permettent aux Alliés d'organiser des bombardements efficaces sur les transports allemands, les dépôts d'artillerie, les usines de fabrication d'armement. La Résistance du rail donne les heures de passage des convois de troupes et de matériel en des points déterminés. Les communistes réussissent même parfois à organiser des manifestations dans les usines.

La propagande ennemie condamne évidemment ces actions de «terrorisme» et prétend rallier la population à la politique de répression. Ce sont souvent des Français qui parlent au nom des Allemands. Joseph Darnand, ancien combattant de la Première Guerre mondiale, Jacques Doriot, ancien maire communiste de Saint-Denis, et Marcel Déat, ancien socialiste exclu du parti, multiplient les meetings. Le devoir des Français est de soutenir la guerre menée par les Allemands contre le régime de Moscou, affirment-ils. Quant à Darlan, le chef du gouvernement de Vichy, il affiche clairement sa position : «Je souhaite la victoire de l'Allemagne, déclare-t-il, parce que, sans elle, le bolchevisme s'installerait partout!»

Cette propagande ne laisse pas tout le monde indifférent. Elle attire une minorité de Français qui ont toujours milité dans les ligues et les groupuscules anticommunistes et antirépublicains. Mais elle ne peut gagner l'ensemble de la population qui constate chaque jour la dureté des conditions faites à la France par l'occupant nazi et le discours mensonger du régime qui prétend obtenir de l'ennemi des améliorations. N'est-il pas, au contraire, très clair que Pétain cède aux exigences les plus inadmissibles?

Difficile par exemple de ne pas voir que les Allemands imposent le port de l'étoile jaune aux Juifs en juin 1942, en zone occupée — même les enfants doivent arborer cet insigne infamant. Ils ne sont pas autorisés à jouer dans les parcs avec les autres enfants. Les Juifs ne peuvent plus se rendre au théâtre ou au cinéma, ni fréquenter les autres lieux publics, les cafés, les restaurants, les bibliothèques.

Ces brimades révoltent la plupart des Français. Les Parisiens assistent ainsi, les 16 et 17 juillet 1942, aux grandes rafles des Juifs. Pendant deux nuits, la police française apporte son concours à la Gestapo. 12 884 Juifs sont arrêtés et internés au Vélodrome d'hiver où se déroulent d'ordinaire des courses de vélos. Personne n'est épargné : les bébés, les enfants en bas âge sont arrêtés en même temps que leurs parents.

Certes, les témoins de ce drame ne savent pas que les nazis ont décidé d'appliquer aux Juifs la «solution finale», c'est-à-dire qu'ils veulent les envoyer dans les camps d'extermination construits à l'est, en Pologne, où ils seront impitoyablement éliminés. Il est parfaitement évident aux yeux des Français occupés que la politique

Affiche de l'exposition «Le Juif et la France» organisée par le Commissariat aux questions juives.

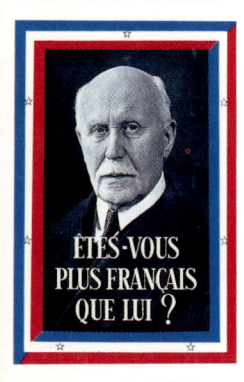

La France de Vichy cède au culte de la personnalité en placardant des affiches du maréchal Pétain.

de l'occupant s'est durcie au point de devenir inhumaine. Et cette évolution les rend plus sensibles aux discours du général de Gaulle et les poussent, mois après mois, à grossir les rangs des sympatisants gaullistes, voire des troupes de la Résistance.

La Wehrmacht attaquée sur tous les fronts

Le 8 novembre 1942, les troupes anglo-américaines débarquent en Afrique du Nord française. C'est un tournant dans la guerre. La riposte est immédiate : trois jours plus tard, le 11 novembre, les Allemands occupent la zone sud. Pétain, qui aurait pu s'envoler vers Alger, a choisi de rester à Vichy où il est désormais prisonnier des troupes allemandes, et le pouvoir de Laval s'en trouve renforcé.

La présence de l'armée allemande sur l'ensemble du territoire français accentue la répression et renforce les restrictions et les contrôles. La persécution contre les Juifs s'étend systématiquement en zone sud, l'ex-zone libre, et les Marseillais voient partir vers le nord des convois de camions et des trains entiers de familles arrêtées et déportées. Les réseaux de résistance sont démantelés par une action particulièrement énergique de l'ennemi. De nombreuses dénonciations permettent à la Gestapo d'agir à coup sûr.

Jamais le gouvernement de Vichy n'a été aussi impopulaire. Il est clair désormais que, sous prétexte de combattre les communistes, on arrête, tous les jours, des jeunes, des patriotes, des opposants. La radio de Londres est plus que jamais écoutée, même si l'occupant arrête et condamne les Français surpris en train de la capter. Personne n'est à l'abri. Souvent, ce sont

Le chef de la Résistance

leurs propres voisins qui dénoncent les coupables...

L'ennemi est de plus en plus nerveux. Les Allemands ont perdu la bataille de Stalingrad contre l'armée soviétique et ont commencé à reculer sur le front de l'Est. Depuis l'Afrique du Nord, les Alliés s'apprêtent à conquérir l'Italie. L'Europe attend sa libération. Il faut être aveugle pour croire encore à la victoire de l'Allemagne ! La grande majorité des Français n'y croient plus, mais ils se taisent parce que jamais la répression n'a été aussi dure ni aussi efficace que cette année-là.

Troupes anglo-américaines sur les plages d'Afrique du Nord en novembre 1942. Le général de Gaulle a été tenu en dehors de l'affaire par les alliés. De plus, Roosevelt préfère s'entendre avec Giraud, voire avec Darlan. Cependant, la ténacité du chef de la France libre se révélera payante.

De Gaulle face aux Alliés

Le débarquement en Afrique du Nord porte à de Gaulle un coup redoutable : comme pour l'occupation de Madagascar, il n'a pas été mis dans la confidence. Les Américains reconnaissent à Alger l'autorité de l'amiral Darlan, proche de Pétain, et placent en tête des troupes françaises le général Giraud. De Gaulle est délibérément tenu à l'écart. Que peut-il faire?

D'abord combattre! Il donne l'ordre aux Forces françaises libres de se réunir à Alger. Il appelle à Londres tous les chefs de la France libre, multiplie les contacts avec les réseaux de résistance et les personnalités. Il veut que toutes les familles politiques françaises participent au combat. Les seuls qu'il refuse d'accueillir sont ceux qui auront collaboré avec les Allemands et obéi aux ordres de Vichy. Il doit faire la preuve que la France est unie, aussi bien celle des combattants de l'intérieur que des Français libres.

L'unification de la Résistance est sa préoccupation principale. Il rencontre les chefs des principaux mouvements et s'efforce d'organiser leurs liens avec la France combattante. Il enregistre avec satisfaction le ralliement d'hommes politiques de toutes tendances, de la gauche communiste comme de la droite. Sa crédibilité comme responsable de tous les mouvements de résistance se confirme.

L'unité est en cours. De Gaulle se sent plus fort et n'hésite plus à critiquer certaines actions des Alliés. Il proteste contre l'aide apportée par les Américains à Darlan et à Giraud, que les résistants français ressentent comme une insulte. «Il est inacceptable que les Américains donnent un commandement militaire au général français Giraud! s'exclame-t-il. Ces procédés sont peut-être applicables au Pérou, pas en France!»

Le chef de la Résistance

Il écrit aux Alliés pour leur faire connaître les sentiments «de stupeur, de colère et de dégoût» qu'éprouvent les Français.

Il envoie, partout dans l'Empire, des émissaires pour constituer des groupes de résistance fidèles à la France combattante. Mais ses relations avec les Américains ne s'améliorent pas. Roosevelt lui fait savoir qu'il ne le recevra pas avant janvier 1943...

En attendant, à Alger, Darlan se proclame, avec l'accord des Américains, haut commissaire,

Le général Henri Giraud, jugé plus docile, reçoit le soutien des Américains qui le préfèrent au général de Gaulle au lendemain du débarquement en Afrique du Nord (novembre 1942).

dépositaire de la souveraineté française en Afrique du Nord et commandant en chef des forces armées. «L'esprit de guerre a reçu un dur coup de hache», constate de Gaulle.

Mais, le 24 décembre 1942, un jeune royaliste, Fernand Bonnier de la Chapelle, assassine l'amiral à Alger. Les Alliés vont-ils enfin reconnaître de Gaulle? Deux jours plus tard, ils choisissent le général Giraud pour exercer les fonctions de Darlan. De Gaulle enrage! «La France fait la guerre en fait. La question est qu'elle la fasse en droit, écrit-il. Ce droit ne doit pas être reconnu à un certain nombre d'hommes et à un certain système qui ont fait profession de trahison. Il est impossible de demander aux Français de mettre des cadavres sur tous les champs de bataille et aux poteaux d'exécution sans que la France ait le droit de parler.» Le général a pour lui la morale de la guerre.

Cette fois, de Gaulle n'entend pas se laisser faire. Il fait savoir aux Alliés qu'il refuse d'obéir à Giraud. Il a des soldats sur le front allié. Il est maître de vastes territoires coloniaux, et les mouvements de Résistance intérieure, indignés par la politique américaine, le rejoignent chaque jour plus nombreux. Le général est puissant; et il entend bien le faire savoir.

Jean Moulin, fédérateur de tous les résistants

En France, les Allemands viennent d'instaurer le Service du travail obligatoire (STO). Les jeunes Français doivent partir travailler dans les usines allemandes pour contribuer à l'effort de guerre. En d'autres termes, ils fabriqueront les armes qui tueront les Anglais et les Américains! Pour justifier cette inadmissible politique, Pierre Laval a imaginé le système de

Page ci-contre.
Jean Moulin est la figure française de la Résistance la plus célèbre. Cet ancien préfet de la IIIᵉ République fut chargé par le général de rallier les différents mouvements de la Résistance à la cause gaulliste.

Le chef de la Résistance

«la relève» : en échange du départ des jeunes ouvriers, des prisonniers de guerre français seront libérés des camps allemands. En réalité, le nombre des prisonniers libérés est dérisoire, alors que les départs forcés sont nombreux.

Plusieurs milliers de jeunes préfèrent alors s'enfuir pour apporter leur concours, même sans armes, aux premiers «maquis». Les troupes de la Résistance augmentent nettement. De Gaulle, qui a l'intention de faire parachuter des armes britanniques et américaines dans les maquis, disposera bientôt sur le territoire d'une armée secrète. Il aura ainsi les moyens de se faire reconnaître par tous les Alliés.

Encore doit-il réunir sous son commandement l'ensemble des mouvements pour en coordonner l'action... Un homme seul est porteur de la confiance et de l'espoir du général : il s'appelle Jean Moulin. Dans sa poche, il dissimule une boîte d'allumettes. À l'intérieur, il a caché l'accréditation officielle, signée de la main de De Gaulle, qui doit lui permettre d'être reçu par tous les chefs de réseaux. Il est le délégué général du Comité national français de Londres.

Jean Moulin connaît bien les provinces françaises. Il y a exercé des postes avant la guerre dans l'administration préfectorale. Il a été sous-préfet à Châteaulin, en Bretagne et préfet à Chartres pendant les événements de mai-juin 1940. Il a vu les Allemands exécuter les blessés d'un régiment de tirailleurs sénégalais et ce crime l'a révolté. Cet homme tranquille et conciliant est un résistant de la première heure, une précieuse recrue pour le général qui a besoin, autour de lui, de négociateurs à la fois fermes et convaincants.

Il parcourt la France, bénéficiant de complicités partout et de caches qui lui permettent de rencontrer, en toute sécurité, les responsables régionaux et nationaux des réseaux de résistance. Il circule sous des identités variables, avec de faux papiers, escorté par les résistants les plus expérimentés. Les mouvements se sont constitués spontanément et réunissent des personnes de toutes conditions. Comment faire combattre ensemble des gendarmes et des instituteurs, des militaires d'extrême droite et des cheminots d'extrême gauche? Les différences politiques font naître des tensions violentes. La tâche de Jean Moulin, c'est d'abord de faire cesser ces luttes internes qui affaiblissent les maquis et servent l'ennemi.

Il doit ensuite imposer l'autorité du pouvoir gaulliste et soumettre tous les chefs au général. Chacun, dans son maquis, se considère comme maître de sa destinée et réagit souvent en chef de bande. Les communistes en particulier prétendent tenir leurs directives de l'organisation clandestine du Parti qui est en liaison avec l'organisation internationale créée à Moscou. Comment leur faire accepter la tutelle d'un pouvoir «bourgeois» établi à Londres et rallié par les parlementaires de toutes tendances, de gauche comme de droite?

Jean Moulin effectue plusieurs missions. De Gaulle s'engage personnellement pour faciliter ses démarches. De Londres, il affirme à la radio que nul n'est plus démocrate que lui, et qu'il soutient le ralliement autour de sa personne, sans aucune exclusive, de toutes les familles politiques du pays.

De Gaulle chef reconnu de la Résistance

L'action de l'ancien préfet est couronnée de succès. En quelques mois, il réussit à faire l'unité sur le terrain. Les différents chefs de mouvements reconnaissent que l'unité est la condition du succès. Surtout, ils ont besoin d'armes, d'argent, de coordination dans l'action, de renseignements sur la politique générale des Alliés, de liaisons permanentes et organisées. S'ils veulent que les Britanniques parachutent des containers d'armes et d'explosifs, des postes émetteurs de radio et des munitions, ils doivent reconnaître le pouvoir gaulliste...

Trois jours plus tard, le 27 mai 1943, l'union est officielle : le Conseil national de la Résistance (CNR) est né. La première réunion a lieu à Paris, 48, rue du Four, dans la salle à manger d'un appartement privé. Jean Moulin est allé à Londres où de Gaulle lui a remis la croix de la Libération en témoignage de reconnaissance pour la remarquable efficacité de son action. Il vient d'être parachuté en France par la Royal Air Force. Seize personnes participent à la réunion du CNR : Jean Moulin mais aussi Georges Bidault, le leader démocrate-chrétien, et les représentants du parti et des réseaux communistes. Ils décident que de Gaulle recevra la charge du gouvernement français à la libération. En attendant, ils le reconnaissent pour chef. Dès lors, le général peut se flatter auprès des Alliés d'avoir derrière lui toute la Résistance.

Le gaullisme est désormais la seule autorité reconnue par la Résistance. À Alger, la position de Giraud s'est considérablement affaiblie. Personne ne veut entendre parler d'une réconciliation avec les hommes de Vichy.

Le 30 mai 1943, le général de Gaulle atterrit près d'Alger où Giraud l'attend. Sans se faire prier, il reconnaît sa défaite et accepte de partager le pouvoir avec lui. Grâce à la Résistance française unie derrière lui, de Gaulle a réussi à imposer sa présence en Algérie à des Alliés qui ne voulaient pas de lui. Il a gagné sa vraie bataille.

Page ci-contre.
Cette poignée de main entre le général Giraud et le général de Gaulle, souhaitée par les Américains, ne doit pas faire illusion : de graves divergences politiques opposent les deux généraux.

Le chef de la Résistance

L'artisan de cette remarquable opération ne survivra pas longtemps à sa réussite. Quelque temps plus tard, Jean Moulin convie à une réunion plusieurs chefs de réseaux de la région lyonnaise. La rencontre a lieu dans la maison du docteur Dugoujon, à Caluire, qui a été choisie parce qu'elle offre toute sécurité. Mais un traître a averti le chef de la Gestapo de Lyon, Klaus Barbie, de l'heure et du lieu de cette réunion. Les Allemands interviennent, armes au poing : ils n'identifient pas tout de suite Jean Moulin qui subit de nombreux interrogatoires sous la torture, mais ne parle pas. Transféré à Paris, de nouveau mis à la question, il meurt au début du mois de juillet 1943 lors de son transfert vers l'Allemagne.

Le chef de la Résistance

Marins et soldats français à Édimbourg (Écosse) écoutant les dernières nouvelles de la guerre à la radio sous le portrait du général de Gaulle.

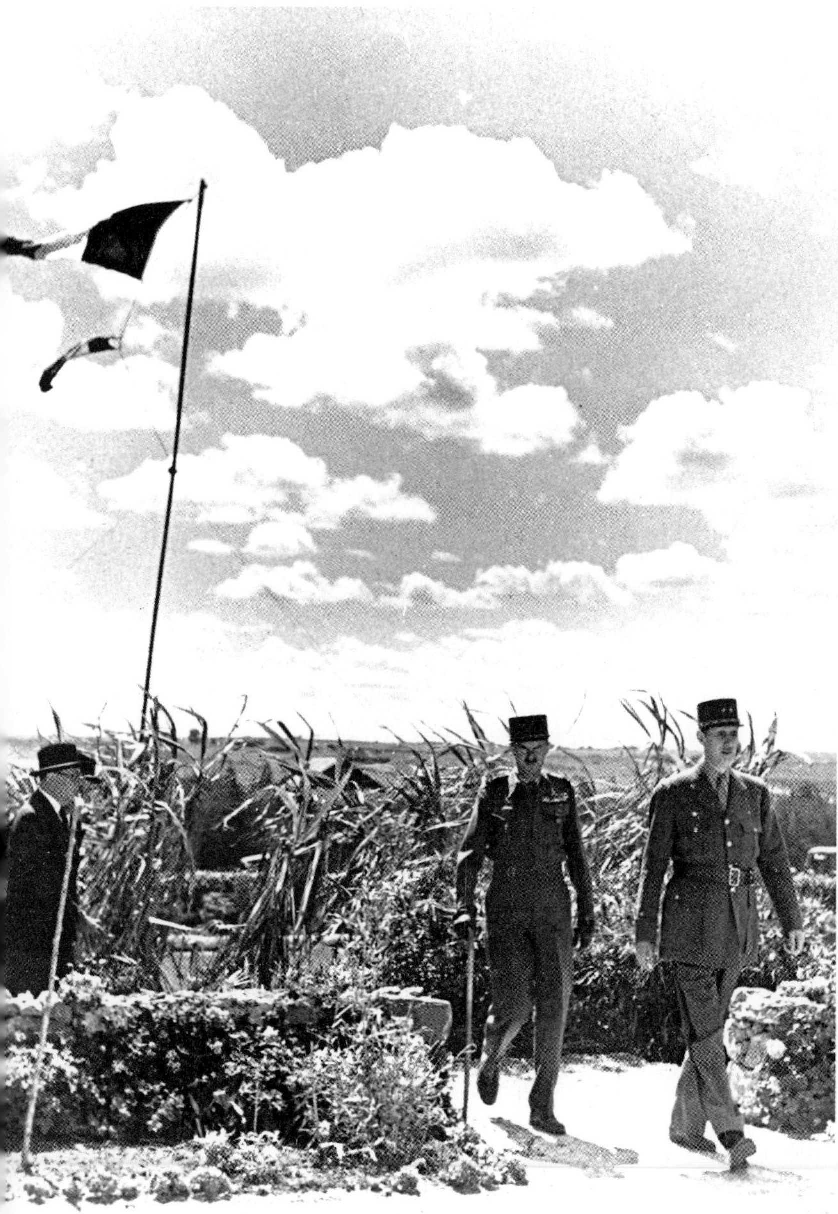

CHAPITRE HUITIÈME

L'homme d'Alger

Le général de Gaulle est installé à Alger, mais il est loin d'y exercer le pouvoir effectif. Les Américains lui ont, en effet, imposé Giraud avec le titre de commandant civil et militaire en Afrique du Nord. Ce dernier dispose du soutien des cadres de l'armée de Vichy et de la population française, qui est dans une large part pétainiste. De Gaulle, lui, est seul à Alger, avec quelques partisans dont le professeur de droit René Capitant. Il a cependant derrière lui l'organisation de Londres, l'appui de la Résistance française et la gloire des Forces françaises libres qui se sont illustrées dans plusieurs combats. Il lui reste une chose à faire : s'emparer du pouvoir.

Il s'appuie d'abord sur les parlementaires installés à Londres, en particulier sur deux députés fidèles, Queuille et Jacquinot, qui le rejoignent. «C'est nous qui avons dit la vérité française», déclare-t-il aux militants du mouvement de

Page ci-contre.
De Gaulle arrive à Alger en 1943.

résistance Combat-Empire dirigé par Capitant. Dans son esprit, les Français libres doivent supplanter les vichystes mal repentis d'Alger aux commandes civiles et militaires. Si les combattants doivent libérer Paris, c'est avec la volonté de reconstruire une nouvelle France, lavée des souillures de la collaboration.

Dans le Comité français de libération nationale, de Gaulle a du mal à cohabiter avec Giraud. Celui-ci est soutenu par Jean Monnet, homme de confiance des Américains. Le général a lui aussi besoin d'installer ses propres hommes à Alger! Il fait aussitôt venir plusieurs de ses compagnons de la première heure, Pleven, Diethelm et Soustelle, ainsi que des militaires. De compromis en compromis, une solution finit par s'imposer : le Comité de libération assure la direction des affaires; c'est une sorte de gouvernement. Un Comité militaire permanent, où sont largement représentés les gaullistes, prépare la fusion des 500 000 Français libres et des 225 000 hommes de l'armée ex-vichyste d'Afrique du Nord et d'Afrique Noire.

Le 31 juillet 1943, Yvonne de Gaulle arrive à Alger avec ses enfants. Son mari est désormais seul à présider le Comité français de libération nationale. Giraud est seulement commandant en chef des forces françaises. Il a été écarté du jeu politique.

Un chef incontesté

Le général est enfin libre d'agir et ne s'en prive pas. Il organise l'épuration du haut personnel vichyste dans des conditions de légalité qu'il veut exemplaires. «La justice, dit-il aux représentants de la presse anglo-saxonne, est une affaire d'État au service exclusif de la France.» Le Comité français de libération nationale a été

L'homme d'Alger

Sur cette photo du Comité français de libération nationale, on reconnaît, de gauche à droite, Diethelm, le vice-amiral Muselier, le général de Gaulle, René Cassin, Pleven et l'amiral Auboyneau.

reconnu par les Alliés, mais de Gaulle juge encore ses pouvoirs trop faibles. Il veut lui donner les moyens d'agir sur les pouvoirs militaires qui exercent une autorité sans contrôle sur les immenses territoires du Maghreb. Les Alliés ont débarqué en Sicile et amorcent la conquête de l'Italie. Mussolini a été arrêté puis libéré par un commando allemand (il ira créer en Italie du Nord un minuscule État fasciste). Le général Giraud a monté une opération de libération de la Corse sans en avertir de Gaulle. Autant de raisons pour imposer l'autorité du Comité de libération au commandement militaire!

Le comité est donc remanié. Le député communiste Fernand Grenier et le commissaire à la Défense nationale, le général Le Gentilhomme (un gaulliste sans faille), y entrent aux côtés de Giraud et de Gaulle. Le général Béthouart, que Giraud avait nommé à Washington, est rappelé à Alger. De Gaulle lui destine un haut commandement dans l'armée ainsi qu'au général de Lattre de Tassigny qui vient d'arriver à Londres. Sa préoccupation est claire. Il veut nommer de bons chefs de guerre pour faire entrer dignement l'armée française dans la bataille.

L'autorité du Comité de libération est renforcée par la présence d'une Assemblée consultative provisoire où siègent des hommes politiques, des syndicalistes et des représentants de la résistance intérieure. Elle tient sa première session le 3 novembre 1943. Désormais, la séparation des pouvoirs civils et militaires est totale. Giraud n'est plus membre du Comité de libération. Il ne conserve que son commandement militaire, sous contrôle des organisme civils. Une page vient d'être tournée!

Dès lors, de Gaulle ne songe plus qu'à la guerre de libération. Son fils Philippe veut faire un stage dans l'aéronavale : il le lui déconseille. «Tu ne dois pas manquer les dernières batailles de la guerre! lui dit-il. Les de Gaulle sont des soldats!»

Les généraux Juin, Béthouart et de Lattre de Tassigny sont nommés à la tête des armées françaises reconstituées. De Gaulle se félicite que ces bons oficiers commandent le feu. Dès l'hiver 1943-44, il prévoit les circonstances de la libération de la France et enjoint aux commissaires d'Alger de désigner les hommes qui prendront en charge l'administration du territoire le moment venu. Il ne veut surtout pas confier ce soin aux officiers de l'armée alliée comme le souhaitent les Américains. Il n'est pas question de laisser les Anglo-Américains prendre le pouvoir à la libération.

Dans cette esprit, de Gaulle nomme Jacques Soustelle à la tête des services spéciaux de renseignements avec pour mission de réunir le maximum d'informations sur le personnel administratif de la France occupée. Le général veut savoir qui est qui et ce que chacun a fait, pour éviter plus tard les injustices. Il ne veut pas que les collaborateurs réussissent à se faire passer pour des défenseurs de la France libre. Ceux qui ont trahi doivent payer!

«Chacun sera jugé selon ses actes»

Le général se préoccupe aussi d'obtenir des Anglais des parachutages d'armes dans les maquis, conscient des insuffisances du matériel fourni aux maquis qui se constituent en France. Il apprend que Joseph Darnand, le chef de la Milice française, a créé des cours martiales expéditives pour juger et condamner à mort les résistants sans qu'ils puissent bénéficier d'aucune défense. Il lance alors un appel aux Français en leur disant qu'il ont le devoir d'aider les résistants et de refuser le Service du travail obligatoire. Il ajoute que les fonctionnaires de Vichy qui ont été contraints de prêter serment d'obéissance au maréchal Pétain n'ont pas à exécuter les ordres du régime. Chacun aura des comptes à rendre et sera jugé selon ses actes, affirme-t-il. Ceux qui envisagent de justifier leurs actes en déclarant qu'ils n'ont fait qu'obéir aux ordres sont d'ores et déjà prévenus : ils ne seront pas pardonnés...

De Gaulle tient aussi à obtenir la participation des communistes, très présents dans la Résistance, à son gouvernement provisoire. Mais il entend choisir lui-même les hommes qui le rejoindront à Alger. «Les hommes du gouvernement, déclare-t-il, sont responsables non point devant tel ou tel parti, mais devant la souveraineté nationale.» Il n'est par exemple pas question d'accepter le retour de Maurice Thorez, secrétaire général du Parti communiste avant la

Le général de Gaulle et le général américain Eisenhower après le débarquement allié en 1944.

guerre. N'a-t-il pas déserté en 1939? Ne s'est-il pas réfugié en URSS alors alliée de l'Allemagne? «Thorez a trouvé abri sur le territoire ennemi, commente de Gaulle. Ces faits obligeraient à le traduire devant un tribunal militaire.»

Un autre Maurice ne doit pas, lui non plus, revenir à Alger. C'est Maurice Schumann! Sa présence est en effet indispensable à Londres où il anime l'émission «Les Français parlent aux Français», essentielle pour la propagande de guerre. Schumann accepte de ne pas venir en Algérie, mais il demande à être envoyé en mission en France. «Non! lui dit de Gaulle. Vous allez être absolument indispensable à Londres.» Car le débarquement se prépare et le général sait que la radio est une véritable arme de guerre.

De Gaulle met en place tout un dispositif d'action pour la libération. De Londres, Kœnig coordonnera l'action de résistance. Georges Bidault remplacera Jean Moulin à la délégation générale du Comité français de libération nationale en France occupée. Le général Cochet coordonnera l'action militaire en zone sud. Le général a même désigné un représentant des pouvoirs publics en France, le commissaire à la Guerre Le Trocquer, un socialiste. Il n'est en effet pas question d'admettre une autorité anglo-américaine.

Le 4 avril 1944, de Gaulle signe une ordonnance prescrivant que le chef du Comité de libération commande seul les armées. Giraud perd ses derniers pouvoirs. De Gaulle nomme seul les chefs d'unité et il est seul responsable des opérations.

Les plages de la liberté

Mai 1944. Le grand débarquement des troupes alliées en Normandie se prépare sous la responsabilité du général américain Eisenhower. De Gaulle n'est pas associé à cette opération. Pour l'instant, il est en Italie où il inspecte le front italien. Le général Juin est à la tête des armées françaises. C'est un ancien condisciple de De Gaulle. Ils étaient ensemble à Saint-Cyr et c'est le seul général que Charles tutoie. Sa préoccupation est de fournir au front allié le plus de soldats possible. Il s'y emploie, comme en tout ce qu'il entreprend, avec passion et énergie. Sa détermination est telle que le général américain Wilson tente de le modérer. Il lui fait remarquer que les hommes sont aussi utiles dans les champs de blé en Algérie et sur les docks des ports qu'à la guerre. Rien n'y fait! De Gaulle fait recruter par Leclerc des combattants qu'il entraîne au Maroc pour la future deuxième division blindée (2ᵉ DB) qui doit combattre en France.

Il met en œuvre avec acharnement un plan militaire de résistance, par le biais d'un Comité d'action qui doit coordonner les opérations des unités. Le 30 mai 1944, il est de retour à Alger. L'envoyé du gouvernement britannique, Duff Cooper, lui demande de rentrer à Londres. Le débarquement est imminent; l'avion de Churchill est à sa disposition.

Avant de quitter l'Algérie, de Gaulle prend quelques précautions vis-à-vis des Alliés. Il exige d'abord que Churchill lui garantisse d'assurer les liaisons entre Londres et Alger. Puis, il transforme le Comité français de Libération nationale en Gouvernement de la République française. Parmi ses ministres, Pierre Mendès France et Emmanuel d'Astier de La Vigerie.

Il arrive à Londres le 4 juin et rencontre aussitôt Eisenhower. Sans le consulter, le général américain a fait imprimer une proclamation tirée à 12 millions d'exemplaires dans laquelle il incite le peuple français «à exécuter ses ordres». Cette initiative est évidemment inacceptable pour de Gaulle. Il est clair que les Américains ne veulent pas que le gouvernement d'Alger prenne en charge l'administration des territoires libérés. Dans cette affaire, de Gaulle n'est malheureusement pas soutenu par Churchill. Il va devoir jouer serré.

La course de vitesse s'engage. Churchill tient promesse et maintient les communications entre Londres et Alger. Eisenhower accepte que ce soit Bidault, le successeur de Jean Moulin, qui donne les ordres à la Résistance. On apprend que les Alliés sont entrés dans Rome. De Gaulle passe la nuit du 5 au 6 juin en tête à tête avec son fils Philippe qui, nommé dans un régiment de fusiliers marins de la deuxième division blindée, brûle d'impatience de fouler le sol français.

Et toujours l'hostilité américaine

Le 6 juin 1944, les Alliés débarquent en Normandie. Quatre jours plus tard, on peut considérer que le débarquement est une réussite. Le 10, Bayeux est déjà libérée et les Alliés avancent vers Paris. Mais ce que de Gaulle a tant redouté semble se produire... Les services alliés exercent l'autorité en France et souvent maintiennent en place les maires nommés par le gouvernement de Vichy. De Londres, il intègre alors les Forces françaises de l'intérieur (FFI) à l'armée française. Cela veut dire que tous les chefs de maquis sont désormais sous ses ordres,

Le général de Gaulle sur une plage de Normandie en juin 1944. Quatre ans se sont écoulés depuis que l'«homme de Londres» a lancé son appel à la résistance.

Les autorités allemandes font placarder cette affiche représentant des résistants communistes de la «Main-d'œuvre immigrée». Ils seront exécutés.

y compris les communistes. Il nomme immédiatement un commissaire de la République pour la région de Rouen. C'est un diplomate, Coulet, assisté d'un militaire chargé de remettre de l'ordre, le colonel Pierre de Chévigné. Le 14 juin, le chef de la France libre s'embarque à bord de la *Combattante*. Il entre dans Bayeux où il exhorte ses compatriotes à continuer le combat.

Pour la première fois depuis 1940, il pose le pied sur le sol français! Mais il n'a pas le temps de s'émouvoir. Trois jours plus tard, il est de retour à Alger, à la tête du gouvernement. Il craint que les Américains ne saisissent tous les postes radio en France pour l'empêcher d'agir, et il s'efforce d'établir des contacts radio avec les territoires libérés. Le 27 juin, il est en Italie où il inspecte le front et rend visite au pape Pie XII. Puis, il décide de se rendre aux États-Unis pour rencontrer Roosevelt ou ses représentants. Le 6 juillet, il arrive outre-Altantique, voit longuement le général Wilson. Peut-il espérer une plus grande liberté d'action?

En fait, de Gaulle se heurte plusieurs fois aux refus de l'autorité militaire américaine qui ne veut toujours pas entendre parler d'une collaboration avec la Résistance pour les opérations importantes. Il ne parvient pas à monter l'opération qu'il projetait pour la libération du Massif central. Les Allemands cherchent à détruire les maquis et, en l'absence de soutien logistique des Alliés, commettent des atrocités, massacrant les blessés, les prisonniers et les civils.

Le 31 juillet, de Gaulle sait que la libération de Paris, après la victoire de Normandie, est proche. Son envoyé personnel dans la capitale est Alexandre Parodi, connu sous le nom de Quartus dans la Résistance. Il reçoit des ordres détaillés du général alors que Paris est encore occupé par les Allemands : «Vous ne devez pas autoriser des opérations qui pourraient gêner, par la suite, l'action du gouvernement.» Il n'est pas question de laisser les communistes prendre le pouvoir dans la capitale, encore moins de nommer les responsables en fonction des appartenances politiques. Tout doit rester entre les mains du délégué : «Je vous recommande de parler toujours très haut et très net au nom de l'État», lui recommande de Gaulle. Les rivalités étant nombreuses dans la Résistance, il s'agit d'imposer l'unité.

L'étau se resserre sur les Allemands

En même temps, de Gaulle fait de nouveau le siège d'Eisenhower. Il veut le décider à donner le feu vert à des actions d'envergure de la Résistance : en Bretagne, où les maquis sont nombreux, dans les Alpes et dans le Massif central. Il prétend qu'ainsi il pourra libérer la route Digne-Grenoble-Chambéry avec l'appui d'unités parachutistes. L'engagement des maquis du Massif central permettra de devancer l'ennemi sur la ligne de la Loire, d'Orléans à Roanne, à condition qu'une division aéroportée française soit larguée pour entraîner les maquisards. Eisenhower refuse. De Gaulle utilise donc les seuls moyens dont il dispose en Bretagne où sont parachutés les hommes du commandant Le Guarrec et le deuxième régiment d'infanterie de l'air du colonel Bourgois. Avec 10 000 hommes en armes, les maquisards mènent la vie dure aux Allemands et libèrent le Morbihan.

La libération de la capitale devient l'obsession du général. Il y pense sans cesse, il redoute le pire. Pour conforter Parodi, toujours clandestin dans Paris, et rendre son autorité incontestable, il le nomme membre du Gouvernement provisoire. Le 14 août, il écrit à Roosevelt qu'il prévoit pour Paris «une situation vraiment tragique». Il demande que les Américains assurent, à la libération, le ravitaillement de la capitale et la réinstallation rapide du gaz, de l'électricité et des réseaux de distribution d'eau.

Le 15 août, les Alliés débarquent en Provence. Cette fois, l'armée française participe à l'opération. Elle est commandée par le général de Lattre de Tassigny. De Gaulle sait qu'il est temps pour lui de revenir en France et d'y rester. Le 20 août, il embarque à bord de son Lockheed

L'homme d'Alger

Lodestar, un avion capricieux et dangereux, après avoir refusé la «forteresse volante» que lui proposent les Américains. Il veut que l'on voie la croix de Lorraine sur son appareil lorsqu'il se posera en Normandie!

Paris insurgé

Pendant ce temps, que se passe-t-il dans Paris? La capitale s'est soulevée le 18 août. La Résistance a couvert les murs d'affiches. Spontanément la population est descendue dans les rues pour arracher les pavés et dresser des barricades. Le quartier de la préfecture de police, le Quartier latin, le quartier de la République sont couverts de barricades qui rendent aux Allemands la circulation difficile. Des postes de tireurs sont installés sur les quais. Les agents de police occupent la préfecture transformée en forteresse.

Barricades, rue Monge, à Paris. L'insurrection parisienne déclenchée le 18 août se termine victorieusement avec l'entrée de la 2ᵉ DB dans la capitale puis la capitulation de la garnison allemande.

Au début, les armes sont rares : seulement 2 000 fusils et pistolets. Mais l'arsenal de la préfecture permet d'accroître la capacité d'opération des résistants qui récupèrent des fusils-mitrailleurs et des grenades. Ils comptent vite prendre leurs armes aux Allemands.

Ceux-ci disposent de points d'appui bétonnés, de canons et de 74 chars, des «Tigre» et des «Panther». Ils ont les moyens de contre-attaquer et ne s'en privent pas. Ils bombardent même la halle aux vins avec leurs avions. L'ordre d'insurrection n'a pas été donné par de Gaulle, ni par son représentant Parodi, mais par les chefs communistes qui ont poussé à l'action le Comité national de la Résistance présidé par Georges Bidault.

De Gaulle est mal informé du détail des combats. Ils sont fluctuants, confus, mais ils font rage! Les Forces françaises de l'intérieur (FFI) et les Francs-tireurs et partisans (FTP) tiennent les rues des quartiers soulevés avec leurs maigres armes. Les forces de police, dirigées par le préfet Luizet nommé par de Gaulle, s'apprêtent à soutenir la contre-attaque allemande. Hitler a en effet donné l'ordre de résister et de brûler la capitale si nécessaire.

Le 19 août au soir, Jacques Chaban-Delmas, envoyé par de Gaulle, rejoint Parodi à Paris. Le consul de Suède a négocié une trêve avec les Allemands, mais les communistes poursuivent le combat. Les Allemands lancent alors une attaque contre la préfecture. La Résistance risque d'être anéantie.

Eisenhower hésite. Il veut repousser la prise de Paris au 15 septembre. Il doit attendre, dit-il, l'approvisionnement de ses armées. Les résistants ont envoyé un émissaire qui a franchi clandestinement les lignes ennemies pour rejoindre les avant-postes de la division Leclerc et demander du secours. Mais Leclerc fait partie du

15ᵉ corps américain : il ne peut enfreindre les ordres d'Eisenhower.

Enfin Paris

Aussitôt en Normandie, de Gaulle se rend auprès du général Eisenhower. Pour une fois, le général américain n'est pas fermé à toute suggestion. Redoute-t-il une insurrection communiste dans la capitale? Il accueille volontiers de Gaulle et lui montre son plan d'opération. Il n'a prévu aucune troupe française pour prendre Paris.

De Gaulle insiste pour que la deuxième division blindée, dont les avant-postes sont déjà dans la région parisienne, puisse foncer au secours de la capitale. Eisenhower réfléchit et finit par accepter. La 2ᵉ DB sera chargée de l'affaire.

L'entrevue du général de Gaulle et

Le 25 août 1944, la 2ᵉ division blindée du général Leclerc entre dans Paris. Cet irréductible de la première heure recevra à la gare Montparnasse la reddition de Choltitz, le général allemand commandant la garnison de Paris.

Dès le début de l'insurrection, les Parisiens arrachent les pavés des rues pour édifier des barricades. Celles-ci gênent considérablement les mouvements des troupes allemandes.

d'Eisenhower est donc décisive. «J'ai eu la main forcée par l'action des Forces françaises libres à l'intérieur de la ville», dira plus tard le général en chef américain.

Dès que de Gaulle a obtenu le feu vert, il avertit Leclerc : «N'oubliez pas, c'est vous qui commandez toutes les forces françaises de Paris jusqu'à l'arrivée du gouvernement.» L'ordre est clair : Leclerc ne doit pas se laisser déborder par les communistes!

L'entrée dans Paris nécessite de durs combats. Les Allemands résistent avec des chars en banlieue, sur des positions défensives. Mais les hommes de Leclerc percent avec impétuosité les lignes ennemies. Dans la soirée du 24 août, un détachement dirigé par Dronne atteint l'Hôtel de Ville. Le lendemain, les Allemands se rendent.

Le 25 août, en fin d'après-midi, de Gaulle entre dans la ville. Il sait que la capitale est en bon état et que Parodi tient la situation bien en main. Il demande à tous les membres du gouvernement d'Alger de le rejoindre immédiatement. On les attend sur l'aérodrome du Mans.

Le général se rend à l'Hôtel de Ville après avoir visité la préfecture de police. Quand Georges Bidault lui demande de proclamer la République, il lui répond : «Elle n'a jamais cessé d'exister.»

Le 26 août, Charles de Gaulle descend les Champs-Élysées. Une foule immense l'acclame avec enthousiasme. Des hommes, des femmes, des enfants se mêlent aux soldats de Leclerc. La joie est sans mélange. Après plus de quatre ans d'occupation, Paris est enfin libéré! De Gaulle dissimule mal son émotion. Il est le héros du jour.

En fin d'après-midi, il assiste à un Te Deum de victoire chanté dans la cathédrale Notre-Dame. Les balles fusent, les mitraillettes crépitent. La panique est totale. Qui a tiré? Les miliciens se sont embusqués dans Notre-Dame et ils ont provoqué la dispersion de la foule massée sur l'esplanade. Le général reste de marbre, droit à son banc. «Une sorte de fusillade qui n'est qu'une tartarinade, dit-il, rassurant. Les résistants en armes tirent vers les toits à tout propos. Le premier coup de feu déclenche une pétarade générale!»

Le lendemain, de Gaulle, dans une lettre à sa femme, lui raconte les derniers événements et lui demande... de rapporter d'Alger «du linge et des chaussures». Pour le combattant solitaire de Londres, une nouvelle vie commence.

La lutte continue

Paris est libéré, mais, sur l'ensemble du territoire, la guerre continue, sans relâche. L'ennemi est loin d'avoir franchi le Rhin. La division Leclerc, qui a perdu de nombreux hommes, enrôle de jeunes soldats dans les casernes de la

La joie des Parisiens éclate ce 25 août 1944. Après plus de quatre ans d'occupation, Paris est enfin libéré. Les combats ont fait plus de 1 000 morts, mais la capitale n'a pas été détruite.

capitale. Il faut poursuivre les combats. On se bat furieusement au Bourget où l'unité de Philippe de Gaulle est engagée.

Le 31 août, le siège du gouvernement provisoire est officiellement transféré d'Alger à Paris. Un autre régime commence. Impatient, de Gaulle demande qu'on mette des moyens de transports à sa disposition pour constituer son cabinet. Il appelle des politiques d'avant la guerre. Il veut affirmer qu'il n'y a pas de rupture avec la IIIe République et prouver que le régime de Vichy est illégal. Il écrit au président du Sénat, Jules Jeanneney, pour lui demander d'être ministre d'État. C'est le seul qui puisse répondre immédiatement. L'ancien président de la Chambre des députés, Édouard Herriot, qui a manifesté son hostilité au régime de Vichy, a été arrêté en 1942 et interné en Allemagne. Il ne rentrera en France qu'en mai 1945. De même Léon Blum a été arrêté et déporté.

Charles de Gaulle peut d'ores et déjà mesurer le chemin parcouru. Il représente à Paris la seule autorité française légitime, avec ses collaborateurs de Londres puis d'Alger qui tiennent le pouvoir dans la capitale et en province. Il est à la tête de l'armée qu'il proclame «une et indivisible», comme la République. C'est lui qui, partout, s'engage à restaurer l'unité, à empêcher les querelles nationales et à éviter les excès de l'épuration, les divisions des vainqueurs, le retour au jeu des partis.

Il s'est fixé un grand but : restaurer l'État dans son unité et sa puissance, conserver la forme républicaine et améliorer les institutions pour qu'elles permettent de gouverner, établir les règles de fonctionnement d'une société plus juste. Sait-il par quels moyens il y parviendra? Il dispose déjà, pour programmer l'avenir, des réflexions du Conseil national de la Résistance où des hommes d'origines différentes se sont mis d'accord pour élaborer un programme de reconstruction dans tous les domaines (politique, social, économique...). Le général est persuadé qu'il doit désormais s'employer avec acharnement à mener cette tâche à bien, dès que le territoire sera libéré et la guerre terminée.

Car la France est loin d'être libérée. Paris est jour et nuit sillonné par des convois de camions alliés venus de Normandie qui se dirigent vers le front de l'Est. La Lorraine, l'Alsace, les Vosges sont toujours occupées par l'armée allemande en guerre. Il est temps de «former les bataillons», comme le proclame le refrain de *la Marseillaise* que le général fait chanter au public dans toutes les villes qu'il visite.

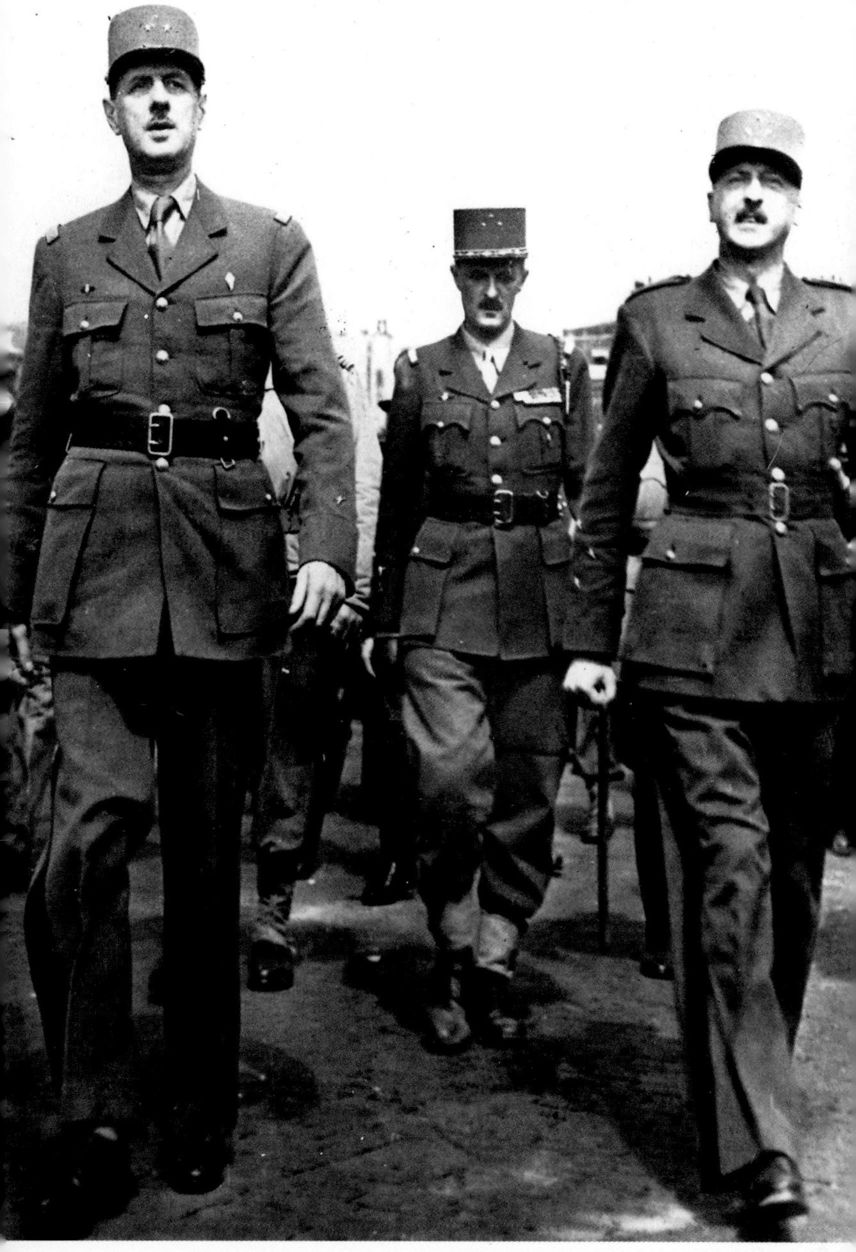

CHAPITRE NEUVIÈME

Chef du Gouvernement provisoire

Charles de Gaulle est le chef du Gouvernement provisoire. De 1944 à 1946, il conduit la politique française. Il s'installe d'abord rue Saint-Dominique, au ministère de la Défense nationale. Il occupe l'ancien bureau de Georges Clemenceau, président du Conseil de 1917 à 1920 et négociateur du traité de Versailles après la Première Guerre mondiale.

«Une nation meilleure, plus pure, plus fraternelle.» Telle est l'ambition politique du général. Il l'affirme dans un discours qu'il prononce à Dijon le 23 octobre 1944. Il circule dans toute la France pour reprendre en main l'administration, assurée par des hommes de la Résistance. On le voit ainsi à Lyon, à Marseille, à Toulouse, à Bordeaux où il demande aux maquisards de s'engager dans l'armée de la République ou de rendre leurs armes. Il envoie sans cesse des hommes des Forces françaises de l'intérieur

Page ci-contre.
Charles de Gaulle accompagné des généraux Leclerc et Kœnig.

(FFI) aux généraux de Lattre de Tassigny et Leclerc qui combattent les Allemands à l'est. Très souvent, les FFI rejoignent les unités régulières engagées dans les forêts glacées de l'Est où les pertes sont nombreuses. La première armée française, engagée dans de douloureux combats dans les Vosges, a grand besoin de ces renforts.

Dans tous ses déplacements, le général insiste sur la nécessité pour la France d'être présente lors de la conclusion de la paix et de participer à la campagne d'Allemagne, pour être un partenaire des Alliés à part entière. Il faut lever et armer de nouvelles troupes, mais il faut pour cela obtenir des secours américains. En effet, les arsenaux français sont vides ou ont été détruits par l'ennemi. Hanté par le souvenir de Clemenceau qui n'a pas réussi à obtenir une paix qui assure la sécurité de la France, de Gaulle répète sans cesse que les armées françaises doivent rechercher des sécurités en Allemagne, au-delà du Rhin, bien qu'il sache que Londres et Washington sont hostiles à la présence française sur la rive gauche du Rhin.

En butte à la méfiance des Américains et des Britanniques, il cherche à s'allier aux Soviétiques. Il informe Maurice Thorez qu'il sera probablement blanchi par une amnistie et qu'il pourra rentrer en France. Cette mesure de grâce coïncide avec un voyage à Moscou. Staline lui demande de reconnaître le Comité de Lublin, l'un des deux gouvernements provisoires de la Pologne. Le général refuse, mais fait Compagnon de la Libération le régiment d'aviation Normandie-Niemen qui a bravement combattu dans les campagnes de l'Est. Le 10 décembre, il conclut aussi avec Staline un pacte d'alliance et d'assistance mutuelle. Il a l'ambition de redéfinir les frontières occidentales de l'Allemagne afin qu'elle ne puisse plus menacer l'Alsace.

Chef du Gouvernement provisoire

Les premières mesures économiques et sociales

Il compte aussi sur la participation des ouvriers communistes pour relever un pays qui n'a plus de ports, de chemins de fer, d'administration et dont le ravitaillement n'est plus assuré. Les syndicats se reconstituent et ils ne doivent pas être un obstacle au redressement. L'État doit assurer la charge de la remise en ordre du pays.

Le 1er octobre 1944, de Gaulle est à Lille, sa ville natale. «Nous voulons que ce soit l'État qui conduise, au profit de tous, l'effort économique de la nation tout entière, proclame-t-il. Les trusts ont fait leur temps, ils ne répondent plus aujourd'hui aux nécessités d'une organisation économique moderne. Par l'économie dirigée, l'État doit prendre la direction des grandes sources de la richesse commune et contrôler certaines activités.» Voilà de Gaulle qui défend

De Gaulle à Lille, le 1er octobre 1944. On imagine l'émotion du général retrouvant sa ville natale enfin libre.

l'intervention de l'État et le dirigisme! Ce sont des idées de «gauche» qui sont alors la doctrine* du Conseil national de la Résistance. Mais, ne se contentant pas d'énoncer des théories révolutionnaires, il les met aussitôt en application. Ainsi, Renault et Air France sont immédiatement nationalisés. «La grande tâche nationale ne peut se passer de l'aide de l'État fort, de l'État tutélaire, de l'État généreux!» Qui peut alors prétendre le contraire, alors que l'économie française est ruinée par quatre années d'occupation?

* Le programme du Conseil national de la Résistance du 15 mars 1944 réclame «le retour à la nation de tous les grands moyens de production monopolisés, des sources d'énergie, des richesses du sous-sol, des compagnies d'assurance et des grandes banques».

Le général a fait entrer un certain Georges Pompidou dans son cabinet comme chargé de mission. Ce jeune professeur de lettres a trente-trois ans. Il rédige une note sur l'opinion des Français à l'égard du gouvernement provisoire de la République. En 1944, les sondages n'existent pas encore en France : pour informer et éclairer le chef de gouvernement, on se sert des rapports du ministère de l'Intérieur et de la presse quotidienne régionale qui commence à reparaître. «Ce que les Français de bonne foi attendent, explique Pompidou, c'est que le gouvernement provisoire gouverne, qu'il ait un programme économique et social, le fasse connaître, mobilise la nation pour le réaliser, ait enfin une politique et des hommes pour la défendre qui, dans le cadre régional départemental et même local, feraient une chaîne entre le général et chaque Français.»

De Gaulle réfléchit. Puis il ajoute un commentaire : «Ce que les Français de bonne foi attendent, c'est en somme que la France d'aujourd'hui soit autre chose que ce qu'elle est, c'est-à-dire une nation gravement malade depuis longtemps, sans institutions, sans administration efficiente, sans hiérarchie et entièrement vide d'hommes de gouvernement. À cela, moi ni personne ne pourront remédier en deux mois. C'est l'affaire d'un long et dur effort d'au moins une génération.» De Gaulle vient de définir en quelques lignes le futur programme du «gaullisme».

Les hommes rentrent, les institutions se mettent en place. De Gaulle ne veut pas de règlements de comptes et rejette avec force la «politique de la chemise sanglante». Il continue à se déplacer dans les villes de province et déclare partout que les Français doivent se rassembler. «Peut-être quelques-uns se sont-ils trompés, peut-être quelques autres ont-ils pris un fâcheux chemin : nous croyons que c'était de bonne foi, du moment que c'était sans profit.»

Dans une séance de l'Assemblée consultative, le résistant Noguères prend à partie Jules Jeanneney lui reprochant d'avoir facilité le vote de la délégation du pouvoir au maréchal Pétain, le 10 juillet 1940. «On pouvait concevoir de différentes manières le service de la patrie et de la République à ce moment-là», réplique de Gaulle. Même s'il n'exclut pas la punition des coupables et des criminels, il souhaite désormais la réconciliation des Français.

Les derniers combats

Pendant ce temps, la guerre continue. Le 23 novembre 1944, la 2e DB de Leclerc entre dans Strasbourg. Dans les Vosges, l'armée de De Lattre de Tassigny se heurte à la résistance acharnée des Allemands. La France est présente dans les derniers combats. Le 18 décembre, l'armée allemande lance sa contre-attaque des Ardennes. L'armée française doit suspendre son avance, et les libérateurs de Strasbourg s'installent sur des positions défensives. De Gaulle écrit immédiatement à Roosevelt pour lui demander du matériel de guerre. Le président américain a déjà équipé huit divisions françaises et promis de le faire pour huit autres. Le général lui demande d'accélérer les livraisons : il souhaite pouvoir aligner une cinquantaine de divisions le plus tôt possible si on lui donne les moyens de les armer et de les instruire.

Le 29 décembre, les Allemands attaquent entre Sarrebruck et Bitche, et menacent Strasbourg. Eisenhower donne l'ordre d'évacuer l'Alsace, d'abandonner la ville et de se replier sur les Vosges. Le 1er janvier 1945, il fait savoir au général de Lattre de Tassigny qu'il sera seul à assumer la défense de Strasbourg. De Gaulle affronte le général en chef américain dans une orageuse réunion. Grâce au soutien de Churchill, il obtient finalement gain de cause : Strasbourg sera défendue.

En même temps, il avertit les Allemands : l'annexion de l'Alsace et de la Lorraine étant parfaitement illégale, les citoyens de ces provinces sont restés français. En conséquence, toute atteinte à leurs personnes et à leurs biens sous prétexte que ceux-ci auraient manqué à leurs devoirs de citoyens allemands sera considérée comme un crime de guerre.

Le 2 février, les forces françaises prennent Colmar. Le 9, les chars de la 1re armée bordent le Rhin, de Bâle jusqu'au Nord de Strasbourg. Dans les difficiles batailles qui ont été livrées, les Français se sont maintes fois illustrés. Le 11 février, Metz est libéré. De Gaulle se rend aussitôt dans cette ville où il a tenu garnison, avant la guerre, comme chef d'un régiment de chars de combats.

Mais le territoire n'est pas encore entièrement libéré. De Gaulle demande à Eisenhower d'utiliser les forces combattantes pour réduire les poches allemandes de l'Atlantique, notamment celle de Royan, toujours occupée. Eisenhower refuse de lâcher les trois divisions dont il a besoin pour tenir le front de l'Est avant la dernière attaque. Pourtant, les soldats de Leclerc seront finalement retirés et regroupés en Touraine. De Gaulle manque de troupes. Il voudrait en envoyer en Indochine où, le 9 mars 1945, les Japonais, alliés des Allemands, ont arrêté l'amiral Decoux, gouverneur. Le délégué provisoire du général de Gaulle, le général Mordant, reçoit l'ordre de résister. Il est bientôt arrêté par les Japonais et remplacé par le général Sabattier. Ce dernier conduit jusqu'aux frontières de la Chine la retraite des Français qui ont échappé à l'ennemi. De Gaulle rend hommage devant l'Assemblée «aux héroïques défenseurs de Monkay». Il pense que l'Indochine française doit être reconquise, comme la Syrie et le Liban, où il veut aussi envoyer des troupes. Il se montre partisan du maintien acharné de la présence française partout dans le monde.

Une obsession : participer aux futurs traités de paix

En Europe, il entend s'emparer du maximum de territoire ennemi pour pouvoir négocier la paix et le traité des frontières dans les meilleures conditions. Le 30 mars, la 1re armée française franchit le Rhin, et il indique à de Lattre que «la rive gauche du Rhin intéresse directement la France» qui doit établir son autorité sur tous les territoires contrôlés par les troupes. Si l'on saisit des collaborateurs en Allemagne, il faut les mettre discrètement à la disposition du ministre de l'Intérieur qui instruira leur procès. Ces ordres s'appliquent notamment à Weygand, prisonnier en Allemagne et qui doit «être rapatrié en évitant tout éclat».

Les généraux français doivent-ils obéir aux alliés américains et britanniques en ce qui concerne l'occupation des territoires? Absolument pas : «L'armée française est au service de la France.» Lorsque les Alliés s'emparent de Stuttgart le 22 avril, les Américains prétendent faire évacuer la ville. De Gaulle ordonne alors au général de Lattre de Tassigny de se maintenir. Il manifeste une indépendance croissante. Il constitue, par exemple, un détachement de l'armée des Alpes pour déclencher une offensive sur le Val d'Aoste qu'il occupe sans difficultés.

Roosevelt prépare une conférence internationale qui, conformément à la charte de l'Atlantique, se tiendra à San Francisco et dont l'objectif est d'organiser la paix et la sécurité internationale selon les principes de l'égalité des peuples et de leur droit à disposer d'eux-mêmes. Elle donnera naissance à l'ONU en avril 1945*. La France doit-elle y participer? De Gaulle envoie à son ministre des Affaires étrangères, Georges Bidault, des instructions significatives de son état d'esprit. Il réagit en Européen, constate que, dans la zone Pacifique, ce sont les puissances anglo-saxonnes qui seront surtout présentes alors que l'Allemagne, l'Italie, la Suède, le Portugal, l'Espagne, la Finlande seront absentes : les unes parce qu'elles étaient dans le camp ennemi, les autres parce qu'elles étaient neutres. La France n'aura aucun soutien. Raison de plus pour revendiquer le rôle de grande puissance et exiger un siège au Conseil de sécurité de la future organisation. Raison supplémentaire pour que le français soit reconnu comme l'une des deux langues officielles des Nations unies. En matière diplomatique, le général veut conserver l'amitié américaine, restaurer l'indépendance française, gagner la confiance soviétique! En attendant le relèvement de l'Europe, qui rendra sa place à la France.

* Déjà lors de la conférence de Yalta (Crimée), en février 1945, Staline, Roosevelt et Churchill ont débattu de l'avenir de l'Europe et du sort futur de l'Allemagne vaincue. De Gaulle, absent de cette rencontre au sommet, en conservera une animosité particulièrement tenace envers les Américains.

Chef du Gouvernement provisoire

*De Gaulle décorant
le général en chef
américain Eisenhower.*

Mais, malgré l'hostilité qu'il a toujours rencontrée aux États-Unis, de Gaulle affirme que la présence américaine en Europe est la condition d'un nécessaire équilibre des forces. Selon lui, l'absence des États-Unis après 1919 a été la cause première des échecs de la diplomatie d'après-guerre. Il estime qu'il faut accorder aux Américains des bases leur permettant de maintenir leur présence, à condition qu'elles n'impliquent pas un partage d'autorité ni même un contrôle sur des territoires ou des établissements. Si la conclusion d'un accord avec l'URSS était l'une des pièces maîtresses de la diplomatie française, le maintien de l'amitié américaine est tout aussi essentiel.

Dans cette perspective, il est urgent de prévoir un budget militaire important. «Il doit représenter un tiers environ du budget de la nation, soutient-il. Non seulement les armements et équipements doivent être sans cesse renouvelés en fonction des progrès techniques, mais la nation doit ouvrir de véritables carrières à des jeunes gens qui constitueront une armée de métier, une armée technicienne, rompue aux combats modernes et qui ne peut être constituée d'appelés.» Voilà qui s'appelle avoir de la suite dans les idées. Lui qui s'est battu avant 1939 pour convaincre de la nécessité d'une armée de métier revient à la charge sur le même thème en 1945. Par ailleurs, le réarmement français est plus que jamais nécessaire, non plus seulement pour garantir la sécurité, mais aussi pour maintenir l'indépendance nationale. Pour être fort, un pays ne doit-il pas être militairement puissant?

La guerre est finie

Le 30 avril, Hitler se suicide dans les ruines de Berlin encerclée par les Alliés. Les armées allemandes capitulent sans conditions. Le 7 mai, un cessez-le-feu est signé à Reims. Le lendemain, une cérémonie analogue a lieu à Berlin en présence de Staline et du général de Lattre de Tassigny. La France est parmi les vainqueurs. Elle obtient une zone d'occupation en Allemagne, une part dans le contrôle militaire de Berlin.

La guerre est finie en Europe, même si elle se poursuit dans le Pacifique. Sans de Gaulle, sans son intransigeance et sa vigilance, la France n'aurait sans doute rien obtenu! Comme Churchill, qui l'a fidèlement soutenu et défendu, le général pense à l'Europe de demain. Sans lui, ni Roosevelt ni Staline n'auraient fait une place à la France.

Une fois les hostilités avec l'Allemagne suspendues, le général de Gaulle s'efforce de faire prévaloir ses vues en politique intérieure et

La campagne pour le référendum sur la réforme des institutions, en octobre 1945, mobilise énergie et imagination : répondre par oui ou par non, comme le rappelle cette inscription sur la chaussée, voilà la question!

Mme de Gaulle déposant son bulletin dans l'urne lors du référendum de mai 1945. À cette occasion, les femmes votaient pour la première fois.

étrangère. La guerre n'est pas terminée en Asie, et il veut envoyer Leclerc en Indochine avec un corps expéditionnaire. L'engagement de Leclerc dans ces conditions apparaît comme un élément de la lutte menée par les Alliés.

Mais tout se passe autrement. La France n'est pas invitée à participer à la conférence de Potsdam, qui se tient en juillet 1945 entre les Alliés américains, anglais et soviétiques. L'Indochine y est partagée, après la capitulation japonaise, en deux zones, l'une au nord occupée par les Chinois, l'autre au sud par les Britanniques. L'amiral Thierry d'Argenlieu est alors nommé haut commissaire pour l'Indochine, avec mission d'y restaurer l'autorité française. Une dure bataille devra être livrée contre les indépendantistes vietnamiens.

Première victoire politique du général

La politique intérieure ne donne pas beaucoup plus de satisfactions au général. Il faut au plus vite sortir du provisoire politique. C'est pourquoi est organisé un référendum pour savoir si l'Assemblée qui sera élue le même jour doit ou non préparer une nouvelle constitution.

On l'accuse de vouloir imposer la constitution par plébiscite. Outré, il rappelle que c'est lui qui a «relevé la République, son drapeau, ses lois et jusqu'à son nom!» Il veut «rendre la parole au peuple» et considère le référendum comme la voie normale. Le 21 octobre 1945, les Français votent pour la première fois depuis la guerre. C'est aussi une grande première puisque le général a accordé le droit de vote aux femmes.

Deux questions sont posées aux électeurs : veulent-ils une nouvelle constitution et une nouvelle République? Veulent-ils que l'Assemblée nationale qui sera élue ait des pouvoirs limités?

Les passions politiques se déchaînent : les défenseurs de la IIIe République font campagne pour que le pays réponde *non* à la première question. Ils veulent garder les anciennes institutions et le régime parlementaire. Les communistes, et les organisations de gauche en général, préconisent également le *non* à la deuxième question et font campagne en faveur d' un régime d'Assemblée. On juge antidémocratique toute constitution qui diminuerait les prérogatives de la Chambre des députés. Tel est le débat politique.

Naturellement, le général souhaite que les Français répondent deux fois par l'affirmative : oui à une nouvelle République; oui à un régime où le gouvernement pourrait gouverner sans être soumis aux volontés de l'Assemblée comme

Hô Chi Minh, fondateur en 1930 du Parti communiste indochinois, incarna la lutte contre la présence française en Indochine.

c'était le cas avant 1940. C'est lui qui l'emporte puisqu'une majorité de Français répond oui aux deux questions.

Les élections pour l'Assemblée constituante ont lieu le même jour. Les communistes obtiennent 160 sièges, les socialistes 142, le RDS (Résistance démocratique et socialiste) 42, les radicaux 29, le MRP 152, et les modérés seulement 67. C'est donc une Chambre en grande majorité de gauche qui se réunit pour la première fois le 6 novembre 1946. Elle a pour mission de définir le futur régime de la France.

La question indochinoise

Le général de Gaulle prend fermement position dans l'affaire d'Indochine et expédie Leclerc à Saigon malgré la mauvaise volonté des Britanniques. Là-bas, Leclerc doit faire face à une situation inextricable. Le 10 août 1945, le fondateur du Parti communiste indochinois, Hô Chi Minh, a appelé à l'insurrection générale. Le 19, il contrôle la ville de Hanoi, y forme un gouvernement. Le 2 septembre, il proclame l'indépendance de la République du Viêt-nam. Le même jour, le Japon capitule.

De Gaulle ne veut pas entendre parler de négociations. Il prévoit le transport de deux divisions en Extrême-Orient. Les premières forces débarquent à la mi-septembre et doivent aussitôt faire face à une vive opposition qu'elles brisent par les armes. Leclerc demande à de Gaulle de préciser la position de la France à l'égard des différents pays de l'Indochine française. Il lui répond qu'il est exclu que le gouvernement français fasse une nouvelle déclaration sur ce sujet et précise : «Nous n'avons rien à conclure avec les locaux tant que nous n'en aurons pas la force. Nous tenons d'ailleurs les atouts. Nos troupes arrivent. Le riz est entre nos mains. Les Anglais filent doux à cause des Indes. Les Américains se détachent, noyés par leurs problèmes intérieurs. Les Français d'Indochine doivent y rester!» Mais cette position ferme n'est pas partagée par la nouvelle majorité parlementaire à Paris. Les communistes déclenchent leur campagne contre la «sale guerre». Les troubles politiques ne sont pas à exclure...

La politique en Allemagne du général est tout aussi controversée. Il veut maintenir la division du pays, imposer la présence française sur la rive gauche du Rhin, internationaliser la région industrielle de la Ruhr. Mais il ne trouve guère de défenseurs chez les Alliés! Les Soviétiques ne le soutiennent pas plus que les Anglo-Saxons; une conférence réunie à Londres échoue. De Gaulle se rend lui-même dans la zone française d'occupation en Allemagne pour tenter de tisser des liens économiques et culturels entre la France et les pays allemands.

«Si ces États d'Allemagne rhénane viennent à participer vraiment à l'esprit occidental, je crois qu'ils abandonneront l'idée d'une grande Allemagne groupée autour de la Prusse», explique-t-il. Il est alors le seul à défendre cette position. Mais sa politique, en Allemagne comme en Indochine, ne plaît ni à la gauche française ni à Truman, le nouveau président des États-Unis. Il se rend en personne à New York et à Washington pour obtenir des crédits américains pour la reconstruction.

L'aide américaine

Est-il le mieux placé pour les obtenir alors que sa politique étrangère s'oppose directement aux idées de l'Amérique sur la future paix? Les hommes politiques français savent que la restauration du pays exige une participation des États-Unis, et ceux-ci s'inquiètent des progrès des partis communistes en France et en Italie. Aussi leur gouvernement songe-t-il à faciliter la reprise en main par des majorités politiques favorables au modèle de sociétés en vigueur outre-Atlantique. Le nationalisme de De Gaulle est mal considéré. Plus que jamais, le gouvernement de Washington contrecarre l'action du président du gouvernement provisoire de la République.

Mais de Gaulle est réélu chef du gouvernement le 13 novembre 1945. Le Parti communiste exige alors un des trois grands ministères : la Défense, les Affaires étrangères ou l'Intérieur. De Gaulle n'entend pas se laisser dicter sa conduite et répond à Maurice Thorez qu'il est seul maître des nominations et qu'il n'offre aux communistes que des ministères économiques et sociaux. Thorez, nommé ministre d'État, finit par accepter la proposition après de grandes hésitations et un premier refus. Des communistes sont nommés aux ministères de l'Économie, du Travail, de la Production industrielle et de l'Armement.

Obtenir des crédits extérieurs, assurer le ravitaillement et la reconstruction sont alors les priorités. De Gaulle demande à Kœnig, commandant de la zone française d'occupation, d'accélérer les livraisons de charbon allemand. Il défend devant l'Assemblée le projet de nationalistion de la Banque de France et de quatre grands établissements de crédit : tout doit être subordonné à l'immense tâche de rénovation et de reconstruction. Il intervient contre la grève des fonctionnaires, ordonne aux préfets de prendre eux-mêmes en main la répartition des vivres et la restructuration des administrations régionales.

Pour obtenir des crédits américains, la France doit jouer le jeu, ouvrir ses frontières au commerce, exporter et adapter sa monnaie au marché occidental. Le 26 décembre 1945, René Pleven, ministre des Finances, dévalue le franc. De Gaulle insiste pour que la France adhère au Fonds monétaire international. Cet organisme devait assurer une coopération monétaire entre les États membres et était dominé en fait par les États-Unis. Pour obtenir des crédits, il faut faire preuve d'une bonne gestion économique. C'est pourquoi de Gaulle insiste pour que le pays lutte contre l'inflation et que l'État donne l'exemple en ayant un buget équilibré. Cette politique de rigueur déplaît aux députés qui tendent à disperser les efforts pour faire plaisir à leurs électeurs. Inévitablement, les partis de gauche souhaitent

Le ministère de Gaulle en 1945. Désigné à l'unanimité par l'Assemblée comme chef du gouvernement (13 novembre 1945), le général démissionne deux mois plus tard.

Le maréchal Pétain lors de son procès (23 juillet-15 août 1945). Il observera tout au long des débats un mutisme complet. Condamné à mort, il voit sa peine commuée en détention perpétuelle par le général de Gaulle.

une restriction des crédits militaires pour permettre une action sociale plus efficace. Le relèvement de la France ne passe-t-il pas d'abord par celui du niveau de vie des Français?

La fronde parlementaire

Le 1er janvier 1946, un député socialiste dépose à l'Assemblée un amendement visant à réduire de 20 % les dépenses du ministère de la Défense nationale. La SFIO a des ministres au gouvernement et devrait logiquement retirer son amendement. Il le maintient pourtant, et le Parti communiste soutient cette action.

Seul le MRP s'oppose à la réduction des crédits militaires.

De Gaulle doit faire face à la crise indochinoise. Il sent que l'Empire colonial se fissure de toutes parts et que la domination française commence à être remise en question. Pour lui, il est inconcevable de réduire les crédits de la Défense. Seuls les suppôts de l'URSS et des États-Unis peuvent approuver la diminution des capacités d'intervention françaises dans le monde! Les Américains en effet n'admettent pas l'intervention militaire française en Indochine.

De Gaulle défend en personne le budget du ministère de la Défense à l'Assemblée. «Cette amputation, du jour au lendemain est impossible! Certes, l'administration de l'armée doit être réformée, certes, elle a commis des excès dus à la précipitation : mais n'importe quel gouvernement est conscient des nécessités de la défense! Si l'opposition maintient son amendement, qu'elle prenne ses responsabilités.»

André Philip, l'un des plus anciens collaborateurs du général, vient dire à la tribune que les socialistes maintiennent leur amendement. La crise est-elle ouverte? De Gaulle va-t-il quitter le pouvoir? Non. Ce jour-là, le général fait un geste en proposant une réduction du budget militaire. Est-ce suffisant? Encouragé par le recul du chef du gouvernement, les socialistes continuent à exiger 20 %.

De Gaulle comprend alors qu'il y a une totale incompatibilité entre le pouvoir tel qu'il le conçoit et celui qu'imaginent les députés. «L'Assemblée doit dire au gouvernement si elle lui fait ou non confiance, explique-t-il à la tribune de l'Assemblée. Le gouvernement se retirera aussitôt si elle manifeste son désaccord. Mais il ne restera pas en place pour appliquer les mesures souhaitées au jour le jour par l'Assemblée.» «Sans doute est-ce la dernière fois que je parle dans cet hémicycle, reprend-il. Je ne veux pas du régime que défend André Philip avec ses amis socialistes. C'est un régime d'une assemblée qui gouverne elle-même. Je ne nie pas que ce régime soit concevable. Je nie qu'il soit approprié à la situation de la France, qui doit être reconstruite et restaurée.»

Les mots ont atteint leur but : le budget des armées est finalement voté. Mais de Gaulle a tiré la leçon de ce conflit. Il sait que les communistes et les socialistes souhaitent son départ et croient à pour un régime d'assemblée forte, incompatible avec l'action qu'il entend mener.

Le 20 janvier 1946, il convoque ses ministres et leur annonce son départ. Peut-être espère-il être rappelé... Dans l'immédiat, son départ ne suscite pas d'émotion. Après avoir dirigé le pays d'une main de fer pendant près de deux ans, il quitte discrètement la scène politique. Sans tambour ni trompette. Il a cinquante-six ans et une vie bien remplie derrière lui.

Chef du Gouvernement provisoire

De Gaulle en Bretagne, en juillet 1947. Il a alors quitté la direction du gouvernement depuis seize mois.

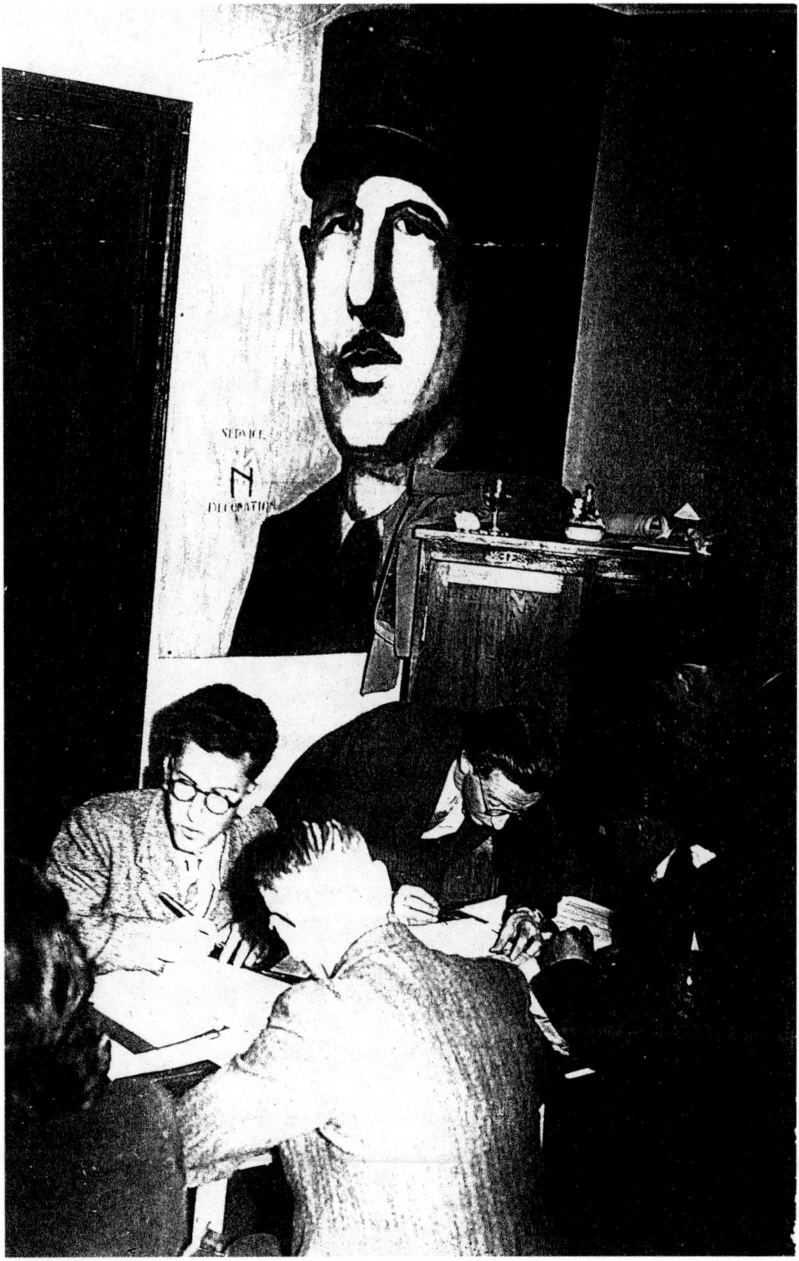
SERVICE
DECORATION

CHAPITRE DIXIÈME

Le rassembleur du peuple français

De Gaulle quitte le gouvernement la tête haute. Il sait qu'il a raison. Avant de convoquer ses ministres pour leur annoncer sa décision, il est intervenu une dernière fois devant l'Assemblée pour répondre à Édouard Herriot. Ce vieux leader radical est un fumeur de pipe au tour de taille impressionnant : «Pourquoi a-t-on maintenu les décorations, remises par les officiers fidèles à Vichy, à des soldats qui ont tiré sur les Alliés lors du débarquement français d'Afrique du Nord en 1942?», demande-t-il d'une voix tonitruante

Le général a déjà décidé de partir. Il n'a plus rien à perdre. «Monsieur Herriot m'excusera de m'en expliquer avec d'autant plus de clarté et de simplicité qu'avec Vichy, depuis 1940, je ne me suis pas borné à échanger des lettres ou des messages, mais que j'ai tout de suite procédé à coups de canon, commence-t-il avec une ironie cinglante. Si l'on a distribué les médailles pro-

Page ci-contre.
*En avril 1947,
de Gaulle crée son
propre parti politique,
le Rassemblement du
peuple français (RPF).*

mises aux malheureux tués, blessés ou estropiés des lamentables combats fratricides de novembre, c'est que je n'ai pas cru devoir arracher de leurs cercueils ou de leur poitrine les décorations obtenues dans des circonstances affreuses dont ils n'étaient pas responsables.»

Herriot rougit. Les députés évitent le regard méprisant du général, ravi de sa sortie. Fermez le ban! Charles de Gaulle s'en va sur des propos guerriers, dignes d'un consul romain, laissant sur place ses détracteurs poursuivre leur duel oratoire sur les destinées de la République. Lui préfère se retirer. Il en a assez vu.

Naissance du RPF

«Il faut choisir, et l'on ne peut être à la fois l'homme des grandes tempêtes et celui des basses combinaisons», écrit-il avec amertume à son fils Philippe qui suit un entraînement à l'aéronavale sur une base américaine.

Le projet de constitution adopté par l'Assemblée le 19 avril a été rejeté le 5 mai par le suffrage universel, ce qui a constitué un échec pour la gauche. Les élections organisées le 2 juin pour élire une nouvelle constituante font du MRP le premier parti politique français. Les socialistes et les communistes sont toujours présents mais reculent légèrement.

Le 16 juin, le général sort de son silence. Dans un discours prononcé à Bayeux, il s'élève contre le nouveau projet de constitution. Il condamne le régime d'assemblée et expose ses idées sur un régime présidentiel qui permettrait à la France de disposer, dans des conditions démocratiques, d'un gouvernement qui puisse réellement gouverner.

Le nouveau projet constitutionnel rendu public par l'Assemblée, proche du premier, est aussitôt condamné par de Gaulle. Le 13 octobre 1946, les Français se rendent aux urnes : le texte est accepté, mais à une faible majorité, et devient la Constitution de la IVe République.

Le 10 novembre se déroulent de nouvelles élections pour désigner l'Assemblée nationale. Le Parti communiste apparaît comme la principale formation politique avec

182 sièges; les socialistes et le MRP perdent des sièges. Le nouveau régime semble enfin sur les rails. De Gaulle est alors le seul à penser qu'il est destiné à dérailler rapidement.

Il s'est retiré dans sa propriété de la Boisserie, à Colombey-les-Deux-Églises. Des travaux ont été nécessaires, car la maison a beaucoup souffert de quatre ans d'occupation. Depuis sa retraite, il s'intéresse de près aux événements politiques, en particulier à l'évolution de la situation en Indochine. Il lui arrive d'écrire à Leclerc, qui est partisan de la négociation, pour qu'il reste solidaire de l'amiral Thierry d'Argenlieu, défenseur d'une présence armée. Pour lui la seule solution, c'est de négocier en force et donc d'envoyer des renforts.

Devant une situation extérieure qui s'enlise et devant l'hostilité de la classe politique, il décide de créer son propre parti politique. Le 7 avril 1947, à Strasbourg, il annonce la création d'un «Rassemblement du peuple français» (RPF) qui fera exploser tous les partis et imposera la révision de la Constitution dans le sens d'un renforcement du pouvoir. Les gouvernements de la IVe République ont accepté l'aide américaine à la reconstruction dans le cadre du plan Marshall. Ils se sont engagés dans une politique européenne sensible aux pressions américaines. Le général de Gaulle, lui, parle de la nécessaire «indépendance de la France». Il n'admire pas particulièrement Ramadier qui a renvoyé les ministres communistes de son gouvernement le 4 mai 1947. Il sait que la SFIO fait ainsi le jeu des Américains qui souhaitent une majorité de centre gauche en France, pour faire contrepoids à l'influence soviétique, et dans l'ensemble des pays européens. Les Américains et les Soviétiques se font désormais face, mesurant leur puissance. C'est le début de la «guerre froide», une guerre diplomatique, presque sans combat, qui divise le monde en deux blocs, le bloc communiste à l'Est (de nombreux pays vont bientôt entrer dans l'orbite de Moscou), le bloc capitaliste à l'Ouest.

Pour rassembler les Français sur un programme de rénovation, de Gaulle décide de faire participer son

CHARLES DE GAULLE

Charles de Gaulle lors d'une sortie dans le golfe du Morbihan en juillet 1947. C'est l'époque où il crée le Rassemblement du peuple français dont il entend faire l'instrument de la réforme des institutions.

Rassemblement aux élections municipales des 19 et 26 octobre. C'est un triomphe. Le RPF rafle 39 % des voix et emporte les mairies des plus grandes villes de France. Le MRP et les radicaux sont laminés, les socialistes affaiblis. De Gaulle réclame alors la dissolution de l'Assemblée nationale qui, selon lui, ne représente plus le pays. En vain.

«Les grenouilles continuent de coasser», constate-t-il avec amertume. Il décide de muscler le RPF, d'installer des antennes dans tous les départements, de quadriller la France de «compagnons». Il constitue ainsi une sorte de ligue de salut public, opposée dans son principe aux partis et qui s'interdit toute négociation et tout compromis.

Mais le RPF a beau être puissant, le rôle du général est pour l'instant limité. Alors, pour tromper l'attente qui menace d'être longue, il entreprend de rédiger ses *Mémoires de guerre*. La disparition de la «petite fille sans espérance», née mongolienne et morte innocente, cause à Charles et à sa famille une peine immense. Il ne se mure pourtant pas dans sa propriété de Colombey. Il faut qu'il agisse pour surmonter son chagrin, et il décide de partir en campagne pour s'adresser directement au peuple au cours d'une série de réunions préparées par l'organisation du RPF dont le premier congrès se tient à Marseille en avril 1948.

Le peuple soutient de Gaulle et son mouvement. Ce succès inquiète les dirigeants de la «troisième force» qui conduisent le pays (on appelle ainsi la coalition de tous les partis de centre gauche et de centre droit qui se sont rassemblés pour contenir ensemble les communistes à gauche et les gaullistes à droite). Les Américains soutiennent les gouvernements centristes même si de Gaulle assure qu'il est partisan du plan Marshall et de la politique anticommuniste déployée en Europe. Le problème, c'est que le leader du RPF veut aussi «que la France soit en mesure de traiter avec les États-Unis dans un esprit d'indépendance». Et il charge son frère, Pierre qui a été élu président du conseil municipal de Paris, de le dire aux responsables du gouvernement des États-Unis au cours d'un voyage qu'il entreprend à New York.

Le général entre en campagne

Le RPF définit son programme : association capital-travail dans les entreprises, création d'une Union française outre-mer, fédération européenne et réforme de l'État en France. À Nantes, devant deux cent mille personnes, il affirme que la légitimité n'appartient plus aux dirigeants en place qui ne répondent pas à l'attente populaire. À Metz, il rend hommage au général Delestraint, martyr de la Résistance. À Chambéry, les communistes organisent une contre-manifestation violente. De Gaulle réplique en créant un service d'ordre efficace. Ces meetings ont des résultats immédiats. Les élections de novembre 1948 au Sénat, rebaptisé par la Constitution, Conseil de la République, donnent aux gaullistes près de 130 élus sur 309. Un véritable raz de marée !

Le RPF accélère le mouvement d'adhésion. Il édite un timbre permettant de financer l'action du mouvement. Il veut que les Français s'associent à l'effort de renouveau. Le rassemblement se poursuit en prévision des élections législatives de juin 1951, que le général souhaite triomphales.

Autour de lui, il a réuni des hommes fidèles depuis de longues années, comme Malraux, Diethelm, Soustelle, Pleven, et aussi de nouveaux compagnons comme Palewski qu'il a connu au cabinet de Reynaud, ou Barrachin. Michelet et Christian Fouchet figurent aussi parmi les militants. Des hommes nouveaux le rejoignent, comme Guichard ou Pompidou. L'action se coordonne peu à peu, les équipes se forment. La machine politique se rode.

Toutes les occasions sont bonnes pour prendre la parole devant des foules de sympathisants. À la Madeleine, près de Lille, c'est l'inauguration d'une avenue Leclerc en hommage au général décédé depuis peu. À Huppy, dans la Somme, c'est la commémoration de la bataille que menait de Gaulle en mai 1940 à la tête de la 4e division cuirassée. À Tilly, en Seine-et-Marne, c'est pour évoquer le souvenir de l'Américain Patton et célébrer l'amitié franco-américaine. Les discours sont lyriques, prononcés d'une voix grave et lente, martelés de longues phrases qui s'enchaînent et tombent juste. «Je sens se lever au ras du sol de notre vieille planète ce vent d'alarme que le vieux fleuve gaulois et français qui coule près d'ici connaît si bien», proclame-t-il ainsi à Tilly. Il ponctue ses déclarations d'un geste des bras levés, figurant le V de la victoire. À Lesparre, en Gironde, il rend un vibrant hommage à Georges Mandel, assassiné par la Milice. À Bordeaux, il remporte un triomphe en célébrant la victoire française de Bir Hakeim.

Le leader communiste Maurice Thorez lors du défilé du 1er mai 1947. Les communistes, qui participent au pouvoir depuis leur entrée dans le gouvernement de De Gaulle à Alger, seront exclus par Ramadier le 4 mai.

En 1948, le général de Gaulle inaugure, à Compiègne, la rue du général Leclerc, mort dans un accident d'avion en Algérie l'année précédente. L'hommage au héros de la 2ᵉ DB ne doit pas faire oublier que de Gaulle est en campagne électorale.

Mais les politiciens de la «troisième force» n'entendent pas le laisser profiter de son avantage sans réagir. Ils le présentent comme un candidat dont le seul objectif est de prendre le pouvoir et d'en finir avec la République. Le général rétorque en répétant, de discours en discours, qu'au contraire c'est lui qui a restauré la République.

Rien n'y fait. Il ne parvient pas à surmonter ce doute qui commence à planer dans les esprits. On le fait passer pour un nouveau général

Boulanger, ce militaire qui, en 1889, regroupa les mécontents autour de son nom, fut triomphalement élu à Paris, hésita devant le coup d'État et finit par s'enfuir en Belgique où il se suicida.

Pour arrêter ce raz de marée gaulliste, les politiciens envisagent de faire voter une nouvelle loi électorale. De Gaulle la qualifie à l'avance d'escroquerie et se prépare à la dénoncer. Les crises secouent le régime, et le redressement national devient un des thèmes principaux des meetings du RPF.

Les élections approchent. De Gaulle les prépare, réunissant des fonds pour créer une presse gaulliste. Les médias lui sont plutôt hostiles, et il sait l'opinion sensible à ce qu'elle lit dans les journaux. Dès lors, pourquoi ne pas publier un journal qui défende le RPF? Les concours financiers ne manquent pas. Il s'assure que les candidats aux élections forment un groupe compact et soudé. Il prétend les désigner tous lui-même, ce qui d'ordinaire ne se fait pas. Il exige d'eux un engagement de fidélité. Il ne peut admettre qu'ils se conduisent au Parlement comme les membres d'un groupe politique ordinaire. Ils sont des rassembleurs, des ennemis du système des partis.

L'année 1951 verra-t-elle la victoire du gaullisme? Les élections se déroulent dans un climat tendu. Une nouvelle loi électorale, contre laquelle les gaullistes et les communistes ont voté, a été promulguée: la loi Queuille sur les apparentements. Certaines listes ont la faculté, dans une même circonscription, de se grouper lorsque l'on fait le décompte des voix et ainsi de gagner tous les sièges au détriment de leurs adversaires dès lors qu'elles ont, ensemble, la majorité absolue: il s'agit d'assurer le succès à la majorité de la «troisième force»; ce sera chose faite.

En dépit d'une érosion en voix des partis traditionnels, les «partis de gouvernement» de la IVe République sauvent leurs positions. C'est un revers pour les gaullistes. Le général de Gaulle ne croit plus à la possibilité d'une conquête légale du pouvoir. Ses ennemis de la «troisième force» lui en ont enlevé les moyens. Il sait que son retour aux affaires ne pourra se produire qu'avec l'écroulement du régime.

Six formations sont représentées à l'Assemblée nationale. Elles comptent environ cent membres chacune. Les gaullistes ont 117 sièges. Si le groupe RPF maintient sa cohésion, il peut bloquer le système législatif en refusant de suivre les gouvernements centristes. Ces derniers sont en effet assurés d'avoir toujours plus de deux cents voix hostiles, celles des communistes à gauche et des gaullistes à droite, sur les 625 que compte l'Assemblée. Finalement, ces élections ne sont pas si mauvaises puisqu'elles lui permettent d'empêcher les votes de l'Assemblée.

Pourtant, le RPF est bloqué, condamné à l'isolement. C'est une position difficile à tenir pour les élus. Le président du Conseil est d'abord un ancien fidèle du général, René Pleven, membre, avec François Mitterrand, d'une petite formation centriste (l'USDR).

Il échoue sur le projet de constitution d'une Communauté européenne de défense (dont ne veulent ni les gaullistes ni les communistes) et sera remplacé le 6 mars 1952 par Antoine Pinay : 27 députés gaullistes rallient aussitôt son gouvernement. Dès lors, le calcul de De Gaulle devient moins juste. Les opposants ne sont plus 117 mais 90! Bientôt, un groupe d'ex-gaullistes, distinct du RPF, se forme à l'Assemblée, l'Action républicaine et sociale (ARD). Pour le général, le message est sans ambiguïté : la voie parlementaire de la prise du pouvoir est fermée.

L'arrivée de Pinay à la présidence du Conseil marque un tournant. C'est un représentant de la droite d'avant 1940. Les forces politiques issues de la Résistance qui menaient le jeu politique depuis la guerre doivent faire place aux tendances traditionnelles. Le gouvernement Pinay s'efforce de remettre de l'ordre dans le budget d'État et de rétablir la confiance dans la monnaie. Il doit aussi affronter le problème de la décolonisation. L'armée française s'enlise en Indochine, tandis que l'Afrique du Nord commence, elle aussi, à manifester son désir d'indépendance. Le régime pourra-t-il faire face?

Antoine Pinay devient président du Conseil en mars 1952. Son investiture symbolise le retour au pouvoir de la droite conservatrice.

De Gaulle ne manque pas une occasion de s'opposer à la politique de Pinay. Il est contre l'union européenne, il critique les actions engagées dans ce sens par le gouvernement comme l'accord sur le charbon et l'acier signé par le ministre des Affaires étrangères, Robert Schuman, qui créait une Communauté européenne du charbon et de l'acier (CECA) réunissant six pays dont l'Allemagne (18 avril 1951). L'Europe économique des Six était née. Le général affirme aussi son hostilité très vive au projet d'armée européenne concocté par Pleven et les centristes. «Nous voulons avoir les Américains pour alliés, déclare-t-il, nous ne voulons pas les avoir pour maîtres!»

Il ne croit pas au gouvernement. «L'affaire Pinay, écrit-il à son fils Philippe, n'est rien autre chose que l'ultime chance de la facilité, jouée par les intérêts, sans aucune foi populaire.»

«On me dit qu'il faut entrer dans le systhème pour avoir des chances de modifier la Constitution, déclare-t-il dans un meeting. Il s'agit de savoir si, pour empêcher les démons d'être les démons, on doit entrer dans leur rangs.» Il fait une pause, ménageant ses effets. «La réponse est non! Sans doute ce monsieur Pinay est-il un homme honorable, mais c'est la France qui doit avancer. Et si je suis conscient que je ne sauverais pas la France tout seul, c'est encore moins le cas de monsieur Pinay!»

Le 23 décembre 1952, c'est la chute du gouvernement Pinay, lâché par le MRP qui le trouve timoré sur l'affaire de la CED. De Gaulle déclare que «toute combinaison qui tend à prolonger le système comme ce fut fait depuis six années doit être, dans l'intérêt public, condamnée et combattue». Sera-t-il suivi? Nullement. Les combinaisons ministérielles se poursuivent, et les ex-gaullistes s'intègrent à la valse des ministères. Les crises se succèdent. Il faut six jours et treize tours de scrutin pour élire, en décembre 1953, René Coty à la présidence de la République.

Le général de Gaulle est désormais convaincu que ceux qui ont rejoint le RPF en 1946 ne l'ont fait que pour s'opposer aux communistes. Comme l'audience de ceux-ci commence à baisser, les électeurs n'ont plus les mêmes raisons de soutenir le mouvement. Aux élections municipales du printemps, les gaullistes n'obtiennent que 11% des voix.

Leur leader est de plus en plus convaincu qu'il n'existe pas de voie parlementaire. «Mais la mission reste, le devoir reste, la nécessité nationale et internationale reste : nous devons changer le régime!», déclare-t-il à ses militants. Il veut qu'on le suive dans le Rassemblement comme on l'a suivi dans la Résistance : pour l'intérêt national exclusivement.

Le 6 mai 1953, il rend leur liberté aux parlementaires du RPF. Un mois plus tard, après l'investiture d'un cabinet Mendès France, il déclare qu'il ne prendra aucune part directe ou indirecte aux péripéties du régime. Il avertit ensuite les éventuels candidats à des portefeuilles ministériels que, s'ils entrent dans le système, ils se trouveront par là-même en dehors du Rassemblement. Dans les premiers jours de juillet 1955, il annonce solennellement qu'il n'interviendra plus dans les affaires publiques.

Puis, il se retire à Colombey-les-Deux-Églises. Il a tiré la leçon de son échec. Il sait que seule l'Histoire peut, une fois de plus, venir à son secours, et donc à celui de la France, comme en 1940. Commence pour lui une longue «traversée du désert». La France est entrée dans la bourrasque de la décolonisation. Il suffit d'attendre et de guetter.

*En 1955,
le général de Gaulle
se retire à la Boisserie,
sa propriété de
Colombey-les-Deux-Églises.*

CHAPITRE ONZIÈME

Le sauveur de 1958

Charles de Gaulle a soixante-quatre ans. Retiré à Colombey, il a entrepris la rédaction de ses *Mémoires de guerre* et mesure avec soin ses apparitions publiques. Pour rester en contact avec le pays, il donne deux conférences de presse chaque année à l'hôtel Continental à Paris. Elles sont très prisées des journalistes et suscitent d'abondants commentaires politiques. Les difficultés de la politique extérieure se confirment. En 1954, la France essuie une terrible défaite à Dien Bien Phu, en Indochine. Cette défaite conduit le gouvernement, dirigé par Pierre Mendès France, à conclure la paix de Genève en juillet 1954. Après six ans de combats, les Français accueillent avec soulagement la fin de la guerre. Quelques semaines plus tard, de Gaulle sort de sa retraite et se rend à l'Arc de Triomphe, groupant les anciens combattants derrière lui pour une cérémonie muette. Il apparaît alors comme le défenseur de l'honneur et des intérêts français, contre les «bradeurs de l'Empire» et ceux qui veulent livrer l'armée française à un état-major germano-américain en créant une Communauté européenne de défense. Il incarne les valeurs nationalistes.

Pierre Mendès France, qui amorce le processus de la décolonisation en Tunisie et au Maroc, lui rend visite à Colombey comme s'il sollicitait des conseils. Le général le reçoit avec plaisir. Il sait Mendès hostile à la CED. Le Parlement rejette d'ailleurs le projet quelque temps plus tard. On redoute un embrasement général de l'Afrique du Nord. François Mitterrand, ministre de l'Intérieur du gouvernement Mendès France, s'y rend en octobre 1954. Le 1er novembre, une cinquantaine d'assassinats terroristes sont perpétrés en Algérie. C'est le début d'une longue et difficile guerre.

Le général sort de sa retraite

Le 4 décembre, de Gaulle tient meeting au Palais des Sports de Paris. La gravité des événements l'a fait sortir de sa retraite. «Le RPF n'a aucune responsabilité dans un quelconque gouvernement, même si certains gaullistes ont, à titre individuel, rallié Mendès France», affirme-t-il. Le général a des mots très durs pour les hommes politiques du régime. Le président de la République, René Coty? C'est un inconnu sans relief et rassurant pour les bourgeois qui veulent dormir! Mendès France? Il cultive le compromis, comme ses prédécesseurs, pour se maintenir en place. Que pourrait-il faire d'autre dans un régime où les crises ministérielles se succèdent sans discontinuer? C'est miracle qu'il tienne quelques mois, le temps de faire la paix en Indochine, de régler l'affaire tunisienne et de changer l'esprit de la politique extérieure française, dans le sens que pouvait souhaiter le général. La dureté de Gaulle à l'égard de Mendès n'est pas justifiée; il reviendra plus tard à une appréciation plus juste du rôle joué par le président du Conseil.

L'indépendance de la Tunisie sera proclamée sans heurts en mars 1956, et les troubles conduiront le gouvernement à envisager le même processus pour le Maroc. En Algérie, la rébellion s'étend*. Le Front de libération nationale (FLN) est responsable du massacre de colons français. L'Algérie vit à l'heure militaire. L'état d'urgence est décrété alors que se multiplient les attentats. Le gouvernement Mendès France est renversé le 5 février 1955 lors d'un débat sur l'Afrique du Nord et remplacé par Edgar Faure. Quand ce dernier tombe à son tour le 29 novembre, l'Assemblée nationale est dissoute. On espère que de nouvelles élections apporteront une majorité de gouvernement.

Jacques Soustelle est nommé gouverneur en Algérie. C'est un très proche collaborateur de De Gaulle. Le général ne pourra rien ignorer des troubles d'Afrique du Nord. Une action gaulliste cohérente y devient-elle possible? Rien n'indique que des contacts réguliers aient lieu entre Alger et Colombey. Pourtant, le général a prévu la fin du régime et demandé une réforme profonde de l'État. Et cette réforme s'applique naturellement à l'Algérie qui est composée de départements français.

Les élections portent au pouvoir le Front républicain mené par Pierre Mendès France, Guy Mollet, Jacques Chaban-Delmas et François Mitterrand. Ils sont unis sur le thème de la paix en Algérie, mais ne sont pas d'accord entre eux sur les moyens à employer. Le 31 janvier 1956, le gouvernement du socia-

* En Algérie, la révolte éclate dans la nuit du 31 octobre 1954 et surprend les autorités. Celles-ci ne croient qu'à un soulèvement tribal, alors que la révolte a été préparée

liste Guy Mollet est constitué. En Algérie, Soustelle, partisan de l'intégration des musulmans à la communauté européenne, est remplacé par le général Catroux. Ce limogeage provoque de vives manifestations à Alger contre Guy Mollet. Celui-ci, violemment agressé lors d'un voyage en Algérie, change son fusil d'épaule et remplace Catroux par l'énergique Robert Lacoste qui fait appel aux soldats du contingent pour quadriller le pays. Les négociations avec le FLN ont échoué. Le gouvernement décide de maintenir l'épreuve de force.

La même année, le colonel Nasser, qui vient de renverser le roi Farouk d'Égypte, nationalise le canal de Suez entre la mer Rouge et la Méditerranée. Cette opération provoque une intervention conjointe de la France et de la Grande-Bretagne qui envoient des troupes en Égypte. L'action militaire franco-britannique est arrêtée par l'intervention des États-Unis et de l'URSS à l'ONU. C'est un nouvel échec pour la France.

Le général ne fait aucun commentaire sur les crises de l'année 1956. Il est pourtant informé de l'état d'esprit de la population. Il prend son bâton de pèlerin pour visiter l'Empire et s'assurer des amitiés dans les différents territoires. Il passe par Dakar pour se rendre aux Antilles, puis il gagne le Pacifique. Partout, il exprime clairement son opinion sur l'évolution future des liens de la France avec ses colonies. La tendance des entités ethniques et populaires à disposer d'elles-mêmes est une réalité. En d'autres termes, la décolonisation devient inévitable. Le général insiste sur «la nécessité primordiale de rattacher ces ethnies libérées à un grand ensemble économique, culturel, politique, faute de quoi chaque territoire tombera vite dans la misère, ou sera la proie de l'ignorance et servira

Le sauveur de 1958

de champ de bataille à tous les impérialismes du monde».

Dès cette année 1956, il a compris qu'une crise violente s'annonce en Afrique. Il le dit aux militaires qui l'interrogent : «On a l'impression d'une sorte de gestation, mais je crains que cela n'éclose à l'occasion d'une catastrophe, d'une révolte générale en Afrique.» En octobre, il note, dans l'opinion, des signes d'inquiétude qu'il n'a pas constatés depuis dix ans. Et notamment dans l'armée. Le moment d'agir serait-il enfin arrivé?

En août 1956, de Gaulle se rend à Papeete, ville principale de l'île de Tahiti, en Polynésie française. Le général n'a pas oublié que l'archipel s'est rallié à la France libre dès 1940.

L'Algérie s'embrase...

En Algérie, les Français restent maîtres du terrain, mais les civils abandonnent aux militaires la fonction de maintien de l'ordre. La 10ᵉ division parachutiste du général Massu intervient à Alger pour lutter contre le terrorisme, sans aucun contrôle judiciaire. Des «comités de salut public» commencent à se constituer dans les villes pour répondre aux dangers d'attentats. Des ultras tirent au bazooka sur le bureau du général Salan, commandant en chef en Algérie, qu'ils jugent trop mou.

Le général Massu, ici à Oran, est un gaulliste de la première heure. Il a en effet rallié la France libre en 1940. En 1956, il commande la 10ᵉ division parachutiste en Algérie.

De Gaulle interviendra-t-il? Le chef de l'État tunisien, Bourguiba, attend de lui qu'il règle la question algérienne avec courage, en imposant aux Français une solution d'avenir. Le général ne répond pas s'absorbant dans la rédaction de ses *Mémoires*. Pourtant, cela ne l'empêche pas de se rendre au Sahara où il rencontre secrètement Robert Lacoste et le général Salan qui le tiennent au courant de la situation. À Hassi Messaoud, où l'on a découvert du pétrole, il célèbre l'or noir comme une «source de puissance nouvelle jaillie du désert». Il y voit l'avenir du Sahara, de l'Afrique du Nord, de l'Afrique française et de la France elle-même!

Dans son enthousiasme, il écrit à Georges Pompidou, devenu directeur général de la banque Rothschild, qu'il est frappé par l'importance des gisements de fer de Mauritanie. Il revient de ce voyage convaincu d'une seule chose: la France a une carte à jouer en Afrique. Son rôle à venir n'a plus rien à voir avec ce que l'on attendait de l'Union française. Mais pour cela, il faut régler la question de l'Algérie.

Sa fille a épousé le lieutenant-colonel Alain de Boissieu, alors en poste en Algérie. De Gaulle lui écrit que, pour l'avenir de la France, le danger n'est certainement pas d'ordre militaire; il faudrait qu'un gouvernement digne de ce nom retourne l'opinion mondiale et fasse entendre raison à l'ONU. Convaincu que l'avenir de la France en Algérie est dans la «coopération», peut-être n'est-il pas hostile aux évolutions nécessaires vers l'indépendance.

Jacques Chaban-Delmas, son fidèle compagnon, a été nommé ministre de la Défense. Si une crise violente se déclare, il pourra s'opposer à une intervention de l'armée. Pour l'heure, le général ne fait aucun commentaire. Il est à Colombey et attend.

La fin de la IVe République

À tous ceux qui lui demandent de prendre la parole, Charles de Gaulle répond par le silence. À ses proches, il indique que rien n'est possible si l'on ne réforme pas d'abord les institutions. Mais il ajoute : «Si l'ambiance venait à changer, alors, oui, il faudrait agir!» Son ami André Malraux vient de publier *la Métamorphose des Dieux;* lui rédige le troisième tome de ses *Mémoires.*

Tout bascule le 15 avril 1958. Le gouvernement du radical Félix Gaillard est renversé. Une longue crise ministérielle s'ouvre. Aucune formation politique ne parvient à s'imposer. Presque un mois s'écoule, et le gouvernement n'est toujours pas désigné. Finalement, le 8 mai, le président de la République René Coty fait appel à Pierre Pflimlin, le maire de Strasbourg, favorable à une négociation avec le FLN.

La crise éclate à Alger le 13 mai. La foule prend d'assaut le gouvernement général sans que les parachutistes qui le gardent interviennent. Les généraux Massu et Salan font acclamer le nom de De Gaulle par la foule et réclament le retour du général au pouvoir. Un comité de salut public autonome gouverne la ville, coupée de la métropole. Le 14, Pierre Pflimlin est investi dans des conditions dramatiques. Il n'a plus aucun moyen de se faire obéir. De Gaulle entendra-t-il les appels de Salan et Massu? Sortira-t-il de sa retraite?

Le 15, le général fait savoir qu'il est prêt à «assumer les pouvoirs de la République». Mais il y met une condition : il veut les pleins pouvoirs, pour changer la Constitution et former un gouvernement capable de gouverner. Il précise cependant qu'à soixante-sept ans, il n'est pas prêt à commencer une carrière de dictateur! Les pouvoirs doivent lui être remis régulièrement.

Hostile à toute intervention militaire qui forcerait la décision, il ne saurait approuver «toute action qui mettrait en cause l'ordre public». Selon lui, «c'est la chance suprême qui s'offre à la France en Algérie». Quelle chance? «Celle qui peut faire refleurir la fraternité.» Salan demande la mise en place d'un gouvernement de salut public présidé par le général de Gaulle au nom des comités qui, en Algérie, procèdent de la souveraineté populaire. Il n'est pas question de lui répondre; c'est à Pierre Pflimlin que le général veut s'adresser. Le 26 mai, il lui demande un rendez-vous «afin d'examiner comment pourraient être évités les incidents de nature à aggraver la situation, en attendant que soient établis, dans la légalité, des pouvoirs publics capables d'assurer l'unité et l'indépendance du pays». Autrement dit, afin d'éviter la guerre civile.

Les pleins pouvoirs

Le 27, le général déclare à la presse qu'il a «entamé le processus régulier nécessaire à l'établissement d'un gouvernement républicain». Il exprime sa confiance aux militaires et les adjure de maintenir l'ordre à Alger. Le même jour, il télégraphie à Salan pour lui demander l'envoi urgent d'un mandataire qui assurera la liaison entre la métropole et Alger.

Dans la tempête, il garde cependant la tête froide et n'oublie pas son objectif essentiel : obtenir la réforme des institutions que les hommes politiques n'ont pas encore admise. L'ancien président de la République Vincent Auriol lui propose de rétablir l'ordre républicain en réalisant, avec les pleins pouvoirs, «un programme limité dans un temps limité». Le général serait ainsi le sauveur du régime. Une fois sa tâche accomplie, on le renverrait gentiment à

Colombey... La réponse est à la fois menaçante et digne : «Ceux qui, par un sectarisme incompréhensible, m'auront empêché de tirer, encore une fois, la République d'affaire quand il en était encore temps porteront une lourde responsabilité. Quant à moi, je n'aurai plus, jusqu'à ma mort, qu'à rester dans mon chagrin.»

Le 29 mai, le régime renonce enfin. Le président Coty annonce sa décision de faire appel «au plus illustre des Français». De Gaulle, président du Conseil, reçoit les pleins pouvoirs et un mandat pour préparer une nouvelle constitution que le peuple devra approuver par référendum. Le général a gagné sa première bataille.

L'Assemblée nationale lui accorde l'investiture par 329 voix contre 224. François Mitterrand et Pierre Mendès France ont notamment voté contre. Le gouvernement est investi le 1ᵉʳ juin, et reçoit, le lendemain, les pouvoirs spéciaux pour six mois, les pleins pouvoirs en Algérie; l'Assemblée autorise la révision de la Constitution et se sépare «jusqu'à une date indéterminée». Le gouvernement comprend des représentants de tous les partis, à l'exception des communistes. Guy Mollet et Antoine Pinay, deux anciens chefs de gouvernement, en sont membres. De Gaulle a obtenu les pleins pouvoirs pour six mois. Sa première tâche est de ramener l'ordre en Algérie, où l'essence et le ravitaillement commencent à manquer.

La session parlementaire est suspendue le lendemain. Députés et conseillers de la République rentrent dans leurs circonscriptions, laissant le gouvernement agir. Pinay, nommé ministre des Finances, lance aussitôt un emprunt pour faire face aux engagements financiers. La confiance revient, et cet emprunt est aussitôt couvert. Il s'agit, en très peu de temps, de promulguer la Constitution, de la faire approuver par les

Page ci-contre.
De Gaulle s'adresse aux Français d'Algérie (ici à Mostaganem).

Le sauveur de 1958

Français et d'organiser la Communauté des pays africains et malgaches. Il s'agit aussi d'organiser des élections législatives en France et en Algérie.

«Vive l'Algérie française!»

De Gaulle s'attelle avec énergie à sa mission. Le plus urgent est le rétablissement de la légalité en Algérie. Le 3 juin, il convoque Salan à Paris et lui donne ses instructions. Puis il part pour l'Algérie. À Mostaganem, il affirme que Français et musulmans doivent avoir en Algérie les mêmes devoirs et les mêmes droits. Il crie «Vive l'Algérie française!» et déclare à Alger : «Je vous ai compris!» Les Européens d'Algérie (les pieds-noirs) l'acclament et l'applaudissent frénétiquement.

Le général a décidé de jouer la carte Salan. Il le nomme délégué général du gouvernement en Algérie, en plus de ses fonctions militaires. Il a pour mission de rétablir l'exercice de l'autorité régulière, c'est-à-dire de mettre fin progressivement aux pouvoirs des comités de salut public et à la suprématie du pouvoir militaire sur le civil. «Les comités, écrit de Gaulle, peuvent s'employer à une œuvre d'unité de l'opinion publique et tout particulièrement aux contacts à établir entre les différentes communauté algériennes.»

Mais le comité d'Alger n'entend pas se laisser affaiblir sans réagir. Le 11 juin, de Gaulle rétorque de manière cinglante : «Ce comité n'a d'autre droit et d'autre rôle que d'exprimer, sous votre autorité, l'opinion de ses membres», écrit-il à Salan. Il veut rétablir le calme des esprits et exige l'adhésion franche et raisonnée de tous ceux qui tiennent à l'unité française. Il envoie son collaborateur René Brouillet à Alger pour s'assurer que Salan remplit au mieux la mission qu'il lui a confiée.

Le sauveur de 1958

De Gaulle a l'intention de se rendre à nouveau en Algérie au début de juillet. Il écrit à Salan pour préparer ce voyage et lui indique avec fermeté que les autorités civiles doivent retrouver progressivement la plénitude de leurs pouvoirs : «L'ère du commandement militaire doit cesser en Algérie, qui n'est pas un proconsulat mais un territoire national.» Les préfets doivent travailler immédiatement à établir l'égalité des droits de tous ceux qui vivent en Algérie et préparer les élections. Par ailleurs, l'action militaire doit être intensifiée. L'armée de métier, parachutistes et légionnaires, ne doit pas être la seule à combattre.

La tâche est triple : réaliser la pacification, organiser des élections générales et mettre en œuvre un plan économique et social de développement de l'Algérie, dit «plan de Constantine». Mais Salan finit par le gêner, et il le fait venir à Paris en le nommant inspecteur général de la Défense nationale. C'est une manière habile de se débarrasser de ce collaborateur qui est loin de partager ses vues sur l'Algérie. Il le remplace par Paul Delouvrier, un civil qui a travaillé, à la Libération, dans l'équipe de Jean Monnet. Delouvrier reçoit mission de «pacifier et d'administrer». Il doit aussi assurer la régularisation de toutes les actions de police et de toutes les mesures préventives ou répressives.

Il n'est pas question de diviser l'autorité. Elle est tout entière entre les mains de Delouvrier qui détient les pouvoirs précédemment confiés aux militaires et doit faire disparaître toutes les traces de la «révolution» du 13 mai, en particulier ce qui reste des comités de salut public. «Aucun organisme spécialisé, lui rappelle de Gaulle, *a fortiori*, aucun individu, ne peut agir que sous l'autorité des chefs investis du commandement qui dépendent tous du délégué général. Une commission de sauvegarde assurera la défense des droits de chacun.»

Le nouveau chef militaire en Algérie, Maurice Challe, est un aviateur. De Gaulle compte bien, par la nomination de ce jeune «général républicain», assurer la supériorité du pouvoir civil en Algérie.

Le sauveur de 1958

De Gaulle saluant le drapeau d'un régiment de l'armée française. À peine investi des pleins pouvoirs, il entreprend un voyage en Algérie pour y rétablir l'unité nationale.

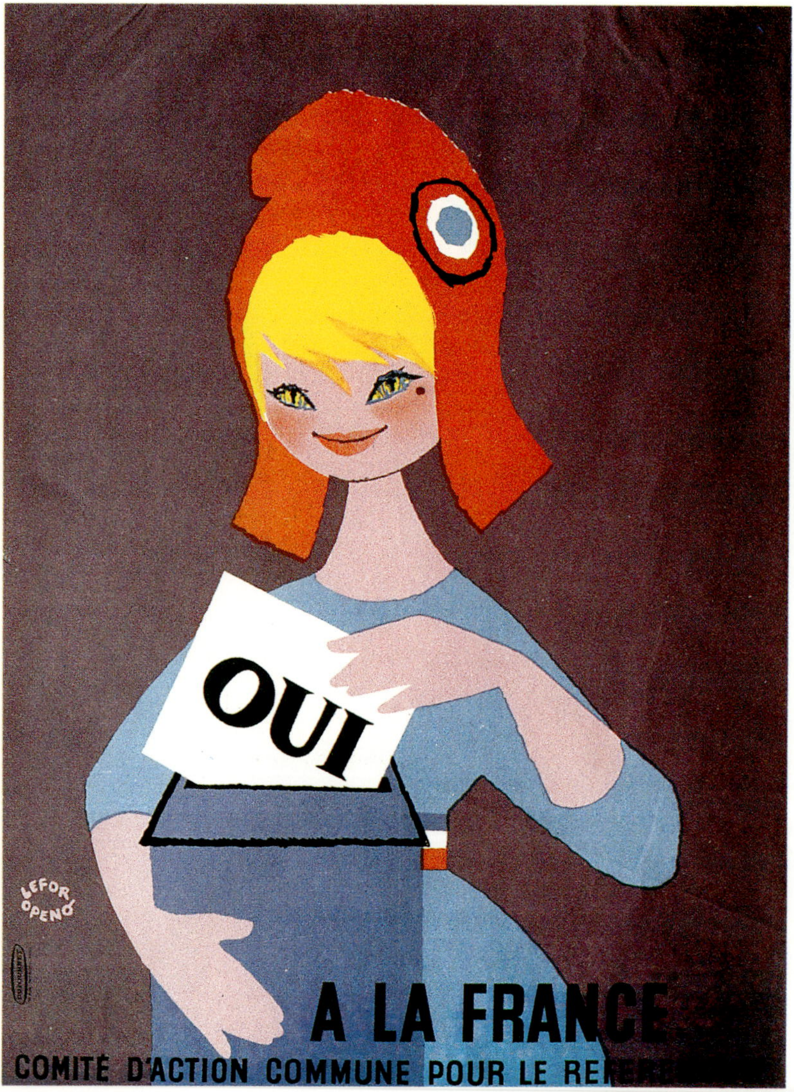
OUI
LEFOR OPENO
A LA FRANCE
COMITÉ D'ACTION COMMUNE POUR LE

CHAPITRE DOUZIÈME

L'indépendance algérienne

Le 28 septembre 1958, la Constitution de la Ve République est massivement adoptée par référendum (79 % de *oui*). Les pays d'Afrique Noire et Madagascar, qui ont également voté *oui* massivement (à l'exception de la Guinée), acceptent d'entrer dans la Communauté française qui doit remplacer l'Union française. Entre l'indépendance et l'appartenance à la Communauté, ils ont choisi la deuxième solution : la décolonisation est programmée.

En quelques mois, l'ancien chef de la France libre est parvenu à imposer des institutions solides assurant la prééminence du pouvoir exécutif et réduisant les pouvoirs du Parlement. Le 8 janvier 1959, il devient président de la République après la démission de Coty et nomme Michel Debré, Premier ministre. Ce dernier est un ancien membre du Conseil de la République, un ancien commissaire gaulliste

Page ci-contre.
En septembre 1958, les Français se pononcent pour l'adoption d'une nouvelle Constitution.

de la Libération et un résistant de la première heure. En 1945, il a créé l'École nationale d'administration, l'ENA, qui fournit depuis au pays des cadres de haute valeur. De Gaulle sait qu'il peut compter sur lui pour mettre sa politique en œuvre. Les socialistes refusent d'entrer dans le gouvernement qui comprend pourtant des anciens de la IVe République, dont Antoine Pinay.

En Algérie, de Gaulle intensifie tout d'abord les opérations militaires. Les «commandos de chasse» du général Challe portent de rudes coups à l'adversaire et contraignent les fellagas (les partisans de l'indépendance, soulevés contre l'autorité française) à ne laisser en activité sur le territoire algérien qu'un tiers de leurs effectifs. Les autres se réfugient en Tunisie et au Maroc. De Gaulle félicite le général Massu qui a quitté la ville d'Alger pour pacifier la région de l'Algérois à la tête de ses parachutistes. Sa confiance en Challe est entière pour les opérations militaires.

Quant à la politique, c'est son affaire. Dès janvier 1959, il ne croit plus à l'intégration possible des musulmans dans la communauté française. «Il est possible qu'un jour vienne où l'intégration soit une possibilité en Algérie. Mais ce jour n'est pas venu puisqu'il nous faut tuer mille combattants adverses par mois et que, néanmoins, nous trouvons devant nous l'insurrection active et intacte depuis plus de quatre ans.» Signe sensible de revirement, de Gaulle ne parle plus que de la «personnalité» algérienne.

Il écrit néamoins que «la France doit rester présente par un effort continu, engagé à la fois dans tous les domaines». Il n'a donc nullement l'intention d'abandonner le pays, mais au contraire de l'aider à se constituer avec l'aide des Français présents. Pas de flottements, pas

L'indépendance algérienne

d'énigme : la pensée du général est claire. Elle va d'ailleurs se préciser au cours de l'année 1959.

Gagner la guerre, c'est d'abord gagner le cœur des Algériens. Le général ne néglige aucun détail pour y parvenir. Il apprend qu'une jeune Algérienne de dix-sept ans a été tuée par les forces de l'ordre à Tlemcen. Il demande aussitôt à Michel Debré d'ouvrir une enquête : « Je ne conçois pas que nos forces n'aient d'autres ressources, pour empêcher une jeune fille de s'enfuir, que de tirer sur elle. »

Il exige que l'anniversaire du 13 mai soit célébré dans une atmosphère de « rénovation et de fraternisation » même si les rebelles n'ont pas accepté la paix qu'il leur a proposée. Il veut que les mesures de libération des prisonniers et l'amnistie soient suffisamment larges pour que

Alors que le général poursuit son voyage en Algérie afin d'apaiser les tensions, en métropole va se constituer un Rassemblement pour l'Algérie française présidé par Georges Bidault.

les musulmans comprennent que la politique de la France a changé. Il demande qu'on libère aussi largement que possible les gens internés dans les «centres de triage». Il ordonne que l'on utilise davantage la gendarmerie, force sûre et calme, dans les opérations de police. Il a nommé Germaine Tillon, une ancienne déportée, spécialiste des problèmes du Maghreb, au ministère de l'Éducation nationale, et il attend avec impatience ses informations sur l'Algérie. Il adresse un blâme à Challe qui a tenu un discours en faveur de l'Algérie française après une opération de pacification réussie : «Vous n'avez pas à introduire des considérations politiques dans les communiqués militaires.»

De l'autodétermination à l'indépendance

Le 16 septembre 1959, le général donne le coup d'envoi de sa nouvelle politique en Algérie. Il a réuni les journalistes et parle pour la première fois d'«autodétermination» du peuple algérien. En d'autres termes, il reconnaît son droit à décider lui-même du régime qui lui convient. Si l'Algérie ne veut plus être française, c'est son droit. C'est une véritable révolution.

Les réactions sont immédiates. L'Assemblée nationale approuve le principe. En revanche, les Français d'Algérie expriment vivement leur opposition. Le général a du mal à se faire comprendre. Il continue pourtant avec vigilance sa lutte contre les exactions commises par les forces de l'ordre en Algérie. Les exécutions sommaires de musulmans dans la région d'Alger, le 9 septembre, l'indignent : «Il faut absolument que des actes de ce genre cessent sans délai et sans exception.» Il s'élève contre Massu qui a rédigé des instructions contraires à ses intentions.

Il s'indigne que le général Weygand ait fait une déclaration désagréable sur l'Algérie.

Le FLN déclare à la presse qu'il veut ouvrir un dialogue public avec le général. De Gaulle fait savoir qu'il n'envisage pas de négocier avec les rebelles, que la souveraineté algérienne n'existe pas encore et que le FLN est responsable de l'assassinat de milliers de personnes. La tâche urgente est toujours la même : pacifier le pays. D'abord la paix, ensuite on verra! Le vote sur l'autodétermination ne pourra intervenir qu'après un délai de plusieurs années, déclare-t-il. L'ONU prépare un vote condamnant la France en raison de sa politique algérienne. Il s'insurge : cette question est strictement française. Il croit ainsi avoir désarmé ses adversaires. Il se trompe...

De fortes oppositions

Le FLN refuse de demander le cessez-le-feu. Les Français d'Algérie rejettent le projet d'autodétermination. Le 18 janvier 1960, Massu met le feu aux poudres! Dans une interview accordée à un journal allemand, il critique ouvertement la politique du chef de l'État en Algérie. Six jours plus tard, des civils armés dressent des barricades dans Alger. Ces «journées des barricades» marquent le début de l'insurrection des Européens. De Gaulle s'emporte contre Massu : «Comme je l'ai dit et répété, il aurait dû être envoyé ailleurs qu'à Alger!» Massu est aussitôt rappelé à Paris et remplacé.

Le général donne des ordres fermes pour que la rébellion soit matée. Ils ne sont pas suivis. Le 24 janvier, les révoltés ouvrent le feu. Des gendarmes et des civils sont blessés. Les deux régiments de parachutistes n'interviennent pas. De Gaulle demande que l'on procède au nettoyage des états-majors, affirme encore qu'il n'y aura aucun pourparler avec les rebelles. Challe est rappelé en métropole.

De Gaulle doit faire face à une double opposition, celle de la droite, favorable à l'Algérie française, celle de la gauche qui estime que des négociations doivent être ouvertes immédiatement. Alors, de Gaulle accomplit plusieurs déplacements à travers la France pour expliquer son action. Dans le Languedoc, il condamne «ceux qui ne veulent pas que l'Algérie devienne autre chose que ce qu'elle fut». Au cours d'un voyage d'inspection militaire, il répète devant les officiers qu'il n'est pas question d'abandonner les Français d'Algérie mais qu'ils devront «être regroupés sur des portions de territoires si les musulmans choisissent l'indépendance». Il est définitivement favorable à une Algérie algérienne liée à la France et se prépare désormais à affronter les pieds-noirs. Il se plaint des sévices exercés par les forces de l'ordre contre deux jeunes musulmanes et demande des sanctions contre les tortures : c'est un langage nouveau dans la République.

Des négociations avec le FLN

Le président interdit à ses ministres d'évoquer l'Algérie dans leurs discours : le règlement de ce problème n'appartient qu'à lui, et à lui seul. Le 3 février 1960, il obtient les pouvoirs spéciaux pour le gouvernement. Jacques Soustelle et Bernard Cornut-Gentille, hostiles à la politique algérienne, démissionnent de leur poste de ministre. Le général repart en tournée en Algérie. Le 14 juin, il donne une conférence de presse à l'Élysée, au cours de laquelle il affirme sa volonté de rechercher la paix. Des contacts secrets sont pris avec le FLN. Une première ren-

L'indépendance algérienne

Ce bain de foule du général au milieu de musulmans en 1960 ne doit pas faire illusion : une grande partie des Algériens non européens est favorable à l'indépendance.

contre a lieu à Melun du 25 au 29 juin avec le GPRA (Gouvernement provisoire de la République algérienne). Elle n'aboutit à rien. En novembre, le FLN semble avoir gagné la bataille politique. Ses émissaires maintiennent la majorité de la population musulmane dans le camp de l'indépendantisme et du refus de la République algérienne proposée par le général. Celui-ci tente de convaincre les foules musulmanes par une série de meetings en Algérie. En vain. Il s'achemine vers la solution risquée d'un référendum.

La première bombe atomique française a explosé le 13 février 1960 à Reggane, au Sahara. De Gaulle n'en est que plus pressé de terminer le conflit algérien pour lancer une grande politique mondiale. «Ma tâche, explique-t-il à son fils Philippe, est de libérer notre pays de cer-

Charles de Gaulle

taines chaînes qui le tiennent encore. Notre absorption par l'Algérie est de celle-là. Il faut absolument nous dégager pour pouvoir prendre des routes nouvelles.»

À la fin de 1960, il modifie son équipe : Pierre Messmer a été nommé ministre de la Défense nationale, Crépin a remplacé Massu en Algérie depuis le mois de janvier en Algérie. En novembre, Morin a remplacé Delouvrier, à Paris Louis Joxe a été nommé ministre d'État chargé des Affaires algériennes. Il est désormais question d'«algérianiser» très rapidement l'Algérie, c'est-à-dire de nommer des préfets et des fonctionnaires musulmans, de mettre en place des institutions décentralisées.

Le référendum sur l'autodétermination

En Algérie, devant les maires et les officiers auquel il rappelle le devoir d'obéissance, le général développe inlassablement le thème de la nécessaire fraternité. Il veut mettre le FLN au pied du mur en interrompant les opérations militaires pendant trois ou quatre semaines, pensant conquérir les masses musulmanes par ce geste spectaculaire. Il n'est pas question d'abandonner les Français d'Algérie qui resteront dans le pays, qui sera associé à la France. Encore faut-il que le FLN y consente.

Quant à l'armée, elle obéira! Le voyage du général est en particulier destiné à s'assurer, sur le terrain, de la loyauté des officiers. Ceux qui semblent peu sûrs sont éloignés. On peut envisager les négociations décisives en comptant désormais sur la neutralité des commandants exerçant des responsabilités sur le terrain. Quant au délégué Morin, il est prié de tenir à Alger un discours parfaitement conforme à la politique de Paris.

Page ci-contre.
En janvier 1961, de Gaulle annonce le référendum d'autodétermination en Algérie.

Le référendum sur l'autodétermination peut avoir lieu. Il est fixé au 8 janvier 1961.

Les votants sont majoritairement favorables à l'autodétermination des Algériens. Le FLN se déclare prêt à engager les négociations. Celles-ci se déroulent à Lucerne, à Évian et à Lugrin, de février à juillet. Une fois de plus elles n'aboutissent à aucun résultat.

C'est l'impasse! De Gaulle explique qu'il souhaite pour l'Algérie une solution qui ait un caractère pratique. Georges Pompidou et Bruno de Leusse sont chargés de recevoir une délégation du FLN à Lucerne. Le général leur fait savoir que l'Algérie peut être un État souverain sans aucune relation avec la France à condition que les Français d'Algérie et les musulmans ayant choisi de rester français soient regroupés dans des zones appropriées. Si l'Algérie choisit d'être associée à la France, des garanties de droit et de sécurité doivent être données aux Français. La consultation sur l'indépendance ne sera pas organisée par l'armée, mais par la gendarmerie et la police, sous le contrôle de représentants de toutes les tendances algériennes.

Tous ceux qui «s'accrochent aux chimères», tous ceux qui veulent que l'Algérie reste française doivent être écartés. Ainsi, Salan est mis à la retraite. Le général est décidé à imposer sa solution coûte que coûte et par les voies les plus rapides. Dès le mois de mars, il presse Louis Joxe d'entamer une négociation officielle avec le FLN.

Le putsch

Le samedi 22 avril 1961, les généraux Challe, Jouhaud, Zeller et Salan prennent le pouvoir à Alger. Ils sont soutenus par certaines unités de l'armée et par la majorité des Français d'Algérie.

L'indépendance algérienne

C'est l'affrontement. Le général de Gaulle prend la parole pour obtenir la fidélité des forces armées en donnant les ordres les plus sévères pour qu'au besoin on ouvre le feu sur les mutins. Il dénonce à la télévision le «quarteron de généraux sans troupes», isole l'Algérie et reprend l'armée en main.

Le 26 avril, tout est terminé, et les mutins sont passés dans la clandestinité. En utilisant l'article 16 de la Constitution qui lui confère les pleins pouvoirs, de Gaulle a pu, en quatre jours, rétablir l'ordre.

Le général de Gaulle actionne la vanne qui libère le pétrole d'Hassi Messaoud. Un an plus tard, ce gisement sera algérien.

Les négociations avec le FLN sont longues et difficiles. Elles échouent une première fois sur la question de l'exploitation du pétrole du Sahara, sur la constitution du gouvernement exécutif provisoire et sur les garanties offertes aux Européens. Cet échec provoque en Algérie la reprise des hostilités et des attentats. Une organisation terroriste, l'OAS (Organisation armée secrète), se lance dans la bataille, multipliant à son tour les attentats à partir de juillet 1961. Le général de Gaulle est lui-même victime, à Pont-sur-Seine, d'une tentative d'assassinat. Il n'en défend pas moins pour autant sa politique de négociations et écarte du gouvernement les ministres qui ont des «états d'âme». Il veut se dégager de l'affaire algérienne. C'est nécessaire, absolument nécessaire! Il veut seulement sauvegarder les Européens dont il faut asurer la sécurité ou le retour en France. On parle déjà de créer des structures d'accueil pour les rapatrier. Il veut aussi sauver la base navale de Mers el-Kebir ainsi que le pétrole et le gaz du Sahara. Il envisage comme pire solution le regroupement des Français autour d'Alger et d'Oran. «Prenez-en votre parti, dit-il à Debré. Vous devez rester Premier ministre, bref mon bras droit!»

Un cessez-le-feu est signé

L'Algérie est plus que jamais en proie au désordre. Le FLN sabote toute tentative d'association franco-musulmane en vue de l'organisaion d'élections, tandis que l'OAS poursuit ses actions de terrorisme et s'oppose d'avance à toute solution négociée qui se traduirait par l'abandon ou par le regroupement des Français sur un territoire. La situation semble sans issue. De Gaulle manifeste son impatience devant l'impasse des négociations avec le FLN : «Il ne s'agit pas d'entasser indéfiniment des objections, des inquiétudes, des interprétations devant les conclusions éventuelles d'un accord. Il s'agit de conclure cet accord!» Contre l'OAS, il faut intensifier la lutte.

Le général sortira-t-il enfin du guêpier? Au début de 1962, les chances de parvenir à un accord semblent encore bien minces. La guerre continue, et chaque jour des hommes et des femmes meurent dans des attentats commis par des terroristes des deux bords. L'OAS agit maintenant en métropole où elle fait régner la terreur.

Et puis les événements se précipitent. Joxe mène de nouvelles négociations aux Rousses, puis à Évian. Le 19 mars 1962, elles aboutissent aux accords d'Évian. Un cessez-le-feu est signé : l'Algérie va pouvoir choisir sa destinée.

De Gaulle annonce la nouvelle à la télévision. Il nomme Christian Fouchet à Alger pour organiser la passation des pouvoirs et empêcher les communautés de se massacrer. Le 23 mars, une insurrection armée des Européens dans le quartier de Bab el-Oued à Alger est vigoureusement réprimée. Le 25, le général Jouhaud est capturé à Oran; il sera jugé et condamné à mort. Après une allocution du chef de l'État qui annonce le prochain référendum sur l'autodétermination, les partisans de l'Algérie française prennent le pouvoir dans les rues d'Oran.

Il est évident que les Européens ne veulent pas des accords. Les affrontements dans les villes, le climat de guerre civile en empêchent l'application sereine. Le général exige un châtiment exemplaire et rapide des crimes de l'OAS : 1 200 personnes sont identifiées, 635 sont arrêtées, quatre condamnations à mort sont exécutées. L'OAS est responsable de 751 plastiquages en Algérie et en métropole : 1 400 civils et militaires ont été blessés ou tués dans les attentats.

À Paris, une petite fille a été défigurée lors du plastiquage du domicile d'André Malraux. La négociation précipitée n'a malheureusement pas empêché le sang de couler.

L'Algérie est indépendante

Le 3 juillet 1962, l'indépendance de l'Algérie est proclamée. On espère que c'est la fin du cauchemar. En fait, il commence pour les 850 000 Européens d'Algérie. Ils choisissent presque tous de rentrer en métropole accompagnés par une partie des harkis, les musulmans qui se sont battus aux côtés des Français. Cette évacuation se prolongera jusqu'en 1964. Le général a réussi à conclure le cessez-le-feu qui ouvre la route à la décolonisation de l'Algérie. En revanche, il a échoué dans son désir de permettre la coexistence sur place d'une communauté franco-musulmane.

Le 22 août 1962, à 19 heures 30, il roule vers Colombey en compagnie de son épouse et de son gendre, Alain de Boissieu. Ils doivent s'embarquer dans un avion sur la base de Villacoublay. Un commando de douze hommes de l'OAS les attend au Petit-Clamart. À 20 heures 08, ils ouvrent le feu. Les balles crépitent sur la DS noire présidentielle. «Tout droit! Au milieu, foncez! hurle Alain de Boissieu au chauffeur. Père, baissez-vous!»

Plus loin, un autre tireur est posté, seul. La voiture est criblée de balles, deux pneus sont crevés, les vitres sont brisées. Mais, grâce au sang-froid du chauffeur, personne n'a été blessé.

«Cette fois-ci, c'était tangent! commente de

L'indépendance algérienne

Gaulle. Mais ces gens-là tirent comme des cochons!»

Le lieutenant-colonel Bastien-Thiry, responsable de l'attentat est arrêté, jugé, condamné à mort et exécuté au fort d'Ivry.

Le général de Gaulle échappe au mitraillage de sa DS, lors de l'attentat du Petit-Clamart, en août 1962.

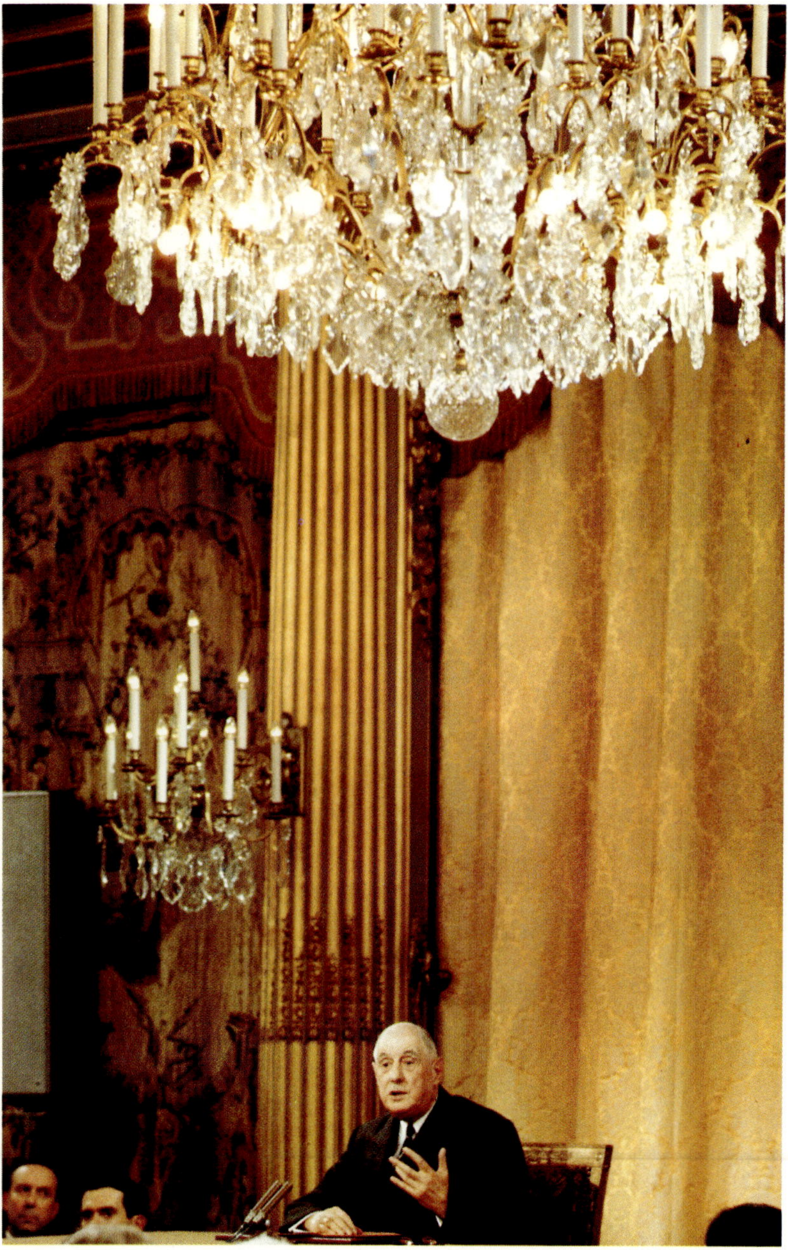

CHAPITRE TREIZIÈME

La dernière bataille

«Pour moi, c'eût été une sortie très convenable.»
C'est ainsi que de Gaulle commente l'attentat du Petit-Clamart en le racontant à sa fille. Pourtant, malgré ce qu'il laisse entendre, le général n'a pas encore l'intention de prendre sa retraite. Il est enfin sorti du guêpier algérien et va pouvoir se consacrer à la construction de la nouvelle France dont il a tracé les plans à la Libération sans pouvoir aller plus loin.

Mais à l'automne 1962, la situation est bien différente de celle de 1945. Le boom économique des années 60 permet d'accélérer considérablement le développement français. Le gouvernement de Michel Debré a mis en place un régime d'ordre et d'efficacité. La prospérité est telle qu'il y a du travail et de la place pour tout le monde, des rapatriés d'Algérie aux travailleurs algériens dont la France a grand besoin pour faire marcher les usines et les chantiers.

Page ci-contre.
De Gaulle excellait dans cet exercice périlleux que sont les conférences de presse. Certains journalistes n'hésitaient pas à les qualifier de «grands messes».

Un seul souci : l'indépendance de la France

De Gaulle est enfin libre d'agir dans les deux domaines qui lui tiennent à cœur : la politique internationale et la défense. D'entrée de jeu, il s'en prend à la présence américaine en Europe. Il demande à voir le nouveau commandant général de l'OTAN, l'Organisation du traité de l'Atlantique Nord, qui a été créée en 1949 pour assurer la sécurité de l'Europe. Il le reçoit avec supériorité et refuse toute nouvelle installation de bases américaines sur le territoire français. En outre, il est hostile à la politique africaine des États-Unis au Congo ex-belge et estime que l'ONU est sous la coupe de l'URSS qui attise les tensions dans le tiers monde. Pour lui, la France doit désormais assurer seule sa politique étrangère et sa sécurité. Elle doit se dégager de l'influence américaine et s'engager dans une troisième voie, entre l'URSS et les États-Unis. La Chine populaire semble avoir la même ambition puisqu'elle vient de refuser la domination soviétique en rompant spectaculairement avec Moscou. L'un des premiers gestes de De Gaulle, enfin maître du jeu, sera de reconnaître la République populaire de Chine en 1964.

Le 28 octobre 1962, un référendum est organisé portant sur l'élection du président de la République au suffrage universel. Les Français approuvent majoritairement cette révision constitutionnelle. Les premières élections sont prévues pour 1965. De Gaulle sera-t-il candidat?

D'ici là, il met les bouchées doubles pour rassembler les Français et pour constituer la «force de frappe» qui est pour lui la condition de l'indépendance. De la bombe A, on passe très vite à la bombe H tandis que l'on met en chantier les fusées et les sous-marins atomiques qui permettent d'utiliser les bombes. Le président de la République algérienne, Ben Bella, proteste contre les essais nucléaires français qui sont réalisés en Algérie en vertu des accords d'Évian. Malgré l'insistance du général, les bases doivent être évacuées en 1966. Depuis, la France procède à ses essais nucléaires dans le Pacifique.

De Gaulle n'ignore pas que ce développement d'une puissance nucléaire française est mal vu des Américains qui se préparent à signer avec l'URSS et la Grande-Bretagne un accord de limitation des expériences nucléaires. D'une manière générale, il prend ses distances vis-à-vis de l'Amérique et décide de quitter l'OTAN, sans pour autant

De Gaulle visite une centrale atomique accompagné d'Alain Peyrefitte et de Pierre Messmer. Sous sa présidence, la France sera engagée dans une série de réalisations prestigieuses qui témoignent de l'excellence de son industrie : usine marémotrice de la Rance, paquebot France, *avion* Concorde, *etc.*

sortir de l'Alliance atlantique. Dès 1963, il retire de l'Organisation les forces aéronavales françaises de l'Atlantique et de la Manche.

Une période faste pour l'économie

L'engagement nucléaire de la France exige de fortes concentrations bancaires et industrielles ainsi que l'augmentation des budgets de recherche. L'aéronautique est la première à en bénéficier. Les progrès des chercheurs français sont si rapides qu'ils permettent bientôt de lancer les plans d'un avion supersonique franco-britannique, le futur Concorde. Les investissements s'intensifient également dans l'industrie spatiale et l'électronique. La France entre dans le club des nations dotées d'industries de pointe, capables de soutenir une guerre moderne et d'avancer dans la voie des technologies les plus fines. Le Marché commun permet à de nom-

André Malraux, Georges Pompidou et Michel Debré lors d'une conférence de presse du général de Gaulle en 1967.

breuses entreprises agricoles et industrielles d'atteindre des productions record. Loin de nuire au développement du pays, l'arrivée des populations d'Afrique du Nord accroît le nombre de producteurs et de consommateurs. Téléviseurs, machines à laver et autoroutes font croire aux Français qu'ils ont atteint le niveau de vie des Américains. La République gaullienne est prospère! Georges Pompidou, ancien fondé de pouvoir de la banque Rothschild, devient Premier ministre en remplacement de Michel Debré. La maison France est sortie des tempêtes de l'histoire...

De Gaulle se tient-il pour satisfait? Nullement. Il veut rendre au pays le rang et la dignité de grande puissance et veut le faire reconnaître comme telle. Il choisit d'axer sa politique européenne sur l'Allemagne. Il rencontre à plusieurs reprises le chancelier ouest-allemand, Adenauer, et le reçoit même dans sa maison de Colombey où ne sont généralement accueillis que les proches et les intimes. Le 22 janvier 1963, un traité d'alliance et de coopération franco-allemand est signé*. Les Soviétiques protestent, les Américains s'inquiètent; de Gaulle les ignore. Il a décidé de se servir de l'Europe pour lancer sa politique d'équilibre entre les blocs. Il prétend faire exister de manière indépendante les nations europénnes, la France se trouvant bien sûr au premier rang.

Un président omniprésent

Le président se ménage un «domaine réservé» : la défense et la politique étrangère. Cela ne veut pas dire qu'il ne s'intéresse pas aux autres domaines. Il intervient ainsi fréquemment auprès des ministres chargés des domaines les plus divers. Il demande au ministre de l'Information, Alain

* Le traité de coopération et d'amitié franco-allemand stipule que Paris et Bonn se consulteront «avant toute décision, sur les questions importantes en vue de parvenir, autant que possible, à une position analogue».

Peyrefitte, de veiller au ton du journal télévisé en engageant de nouveaux journalistes pour éviter que le pays ne soit «désinformé» par l'abus du sensationnel. Et aussi pour éviter de laisser s'exprimer l'opposition... Il intervient pour réduire à un nombre raisonnable le nombre de Légion d'honneur remises chaque année; il s'indigne de voir les membres de son gouvernement candidats pour recevoir l'Étoile Noire du Bénin, qui récompense l'activité mise au service de l'influence française outre-mer. Aucun détail de la vie nationale ne lui échappe, et il prend le temps de répondre, de sa main, en écrivant lui-même l'adresse sur l'enveloppe, à tous ceux qui lui adressent un livre dédicacé, qu'ils soient anciens ministres ou poètes.

Comment pourrait-il en être autrement? Dans les années 60, les problèmes qui intéressent le plus les Français sont ceux de leur vie quotidienne... Pouvoir d'achat, prix agricoles et réforme de l'agriculture, équipement du pays en logements, téléphones, écoles et hôpitaux, urbanisme, réorganisation administrative dans le sens de l'efficacité et du développement des régions. De Gaulle a l'œil à tout, demande sans cesse aux ministres des informations et des bilans. Les mesures les plus spectaculaires sont celles qui sont prises en faveur de l'agriculture. La création de sociétés d'aménagement foncier et d'établissement rural (SAFER), la retraite garantie pour les agriculteurs âgés, toutes ces mesures favorisent la modernisation de régions entières comme la Bretagne ou l'Auvergne jusqu'alors négligées.

Les élections de 1965

Le général a soixante-quinze ans. Après avoir beaucoup hésité, il finit par se présenter à l'élection présidentielle au suffrage universel, la première de la Ve République. Le pays ne manque

Le général de Gaulle et Konrad Adenauer, ex-chancelier de la République fédérale d'Allemagne, au palais de l'Élysée, le 20 février 1967. Une estime, voire une véritable amitié est née entre les deux hommes.

pas de candidats, mais il estime qu'il n'a pas de successeur incontestable et qu'il est de son devoir de rester en poste quelques années de plus, pour achever le mouvement de rénovation et poursuivre son action en faveur de l'indépendance. Il juge cependant inutile de faire les frais d'une campagne électorale coûteuse. Il annonce sa candidature avec sobriété, persuadé que les Français sont suffisamment raisonnables pour se décider sans démagogie.

Il a compté sans le pouvoir nouveau de la télévision. Elle livre au pays les visages peu vus jusque-là des leaders de l'opposition et les rend, du jour au lendemain, populaires. François Mitterrand est le candidat de l'ensemble de la gauche et Jean Lecanuet représente le centre. Ils sont jeunes : Lecanuet n'a que quarante-cinq ans. L'apparition de ces hommes neufs semble faire hésiter les électeurs. À la fin du premier tour, le général est en ballottage. Face à lui, François Mitterrand. La France se passionne pour les débats du second tour. De Gaulle doit expliquer le sens de sa politique : pour la première fois, il accepte de converser avec un journaliste, Michel Droit, au lieu de s'adresser directement au peuple.

Au second tour, le général l'emporte largement, mais Mitterrand réunit quand même 45,4 % des voix. C'est une étonnante première pour l'opinion publique. Cette élection «à l'américaine» a contraint le général à descendre dans l'arène et à faire campagne, comme un homme ordinaire. Il a été pris à son propre piège mais s'en est bien sorti!

De Gaulle n'est pas satisfait de sa victoire à l'arraché. «Faute qu'aucun drame menace, dit-il à Michel Debré, le résultat a été peu brillant. Pouvait-il l'être?» Il forme aussitôt un troisième gouvernement Pompidou.

Une seule politique étrangère : l'indépendance

La plus grande fermeté est recommandée aux diplomates français dans les négociations européennes. Le gouvernement français déclare une

Le leader de la Convention des institutions républicaines, François Mitterrand, en campagne électorale dans la Nièvre. Il défie le général de Gaulle dont on aperçoit le portrait derrière lui.

véritable guerre à la prééminence du dollar et milite pour le retour à l'étalon-or. Il menace de quitter le Marché commun si l'on ne tient pas compte des intérêts particuliers de la France dans les négociations agricoles. Pour échapper au face à face américano-soviétique, il noue des liens avec la Chine auprès de laquelle aucune des deux superpuissances n'est représentée; André Malraux, son ministre de la Culture, est envoyé à Pékin pour préparer le rétablissement des relations diplomatiques. De même, le président intensifie les relations avec des pays d'Europe de l'Est. Au Moyen-Orient, il resserre l'amitié avec le Liban auquel il envoie des avions Mystère. Il tente de rétablir le dialogue avec l'Égypte et appuie le roi de Jordanie dans ses efforts pour modérer le conflit israélo-arabe. Il veut établir de bonnes relations avec les pays arabes et s'en ouvre au roi du Maroc, Hassan II. Il s'efforce aussi d'améliorer les relations difficiles avec Boumedienne qui a pris le pouvoir en Algérie.

De Gaulle entend tout maîtriser. Il juge sévèrement l'un de ses anciens ministres, Robert Buron, qui a démissionné du gouvernement Pompidou en mai 1962 et expliqué dans un livre les raisons de son départ : «Est-il bon qu'un ministre expose au public, si peu de temps après la fin de ses fonctions, ce qu'il a ressenti à mesure de l'action du gouvernement dont il était membre? C'est à la conscience de monsieur Robert Buron qu'il appartient d'en décider.» L'action des ministres doit être rigoureusement solidaire, responsable et discrète! Il s'emporte dès que l'un d'eux croit bon de faire connaître ses vues dans les médias.

De Gaulle est un «bâtisseur de cathédrales». Il prétend construire l'Europe en privilégiant les relations avec l'Allemagne de l'Ouest. Il estime que la France doit être, grâce à la recherche et à l'investissement, le moteur de cette Europe. Pour cela, il faut maintenir la qualité de l'enseignement supérieur. D'autant qu'il faut faire face au baby boom de l'après-guerre et du nombre croissant d'adolescents dans les collèges et les lycées. Il invite le ministre de l'Éducation nationale, Christian Fouchet, à prendre des mesures en ce sens. Pour le général, «le baccalauréat ne doit pas être bradé pour que les facultés ne soient pas menacées de "submersion"». L'éveil industriel de la France exige dans tous les domaines des techniciens et des chercheurs. On consacre des budgets de plus en plus élevés à la construction de locaux scolaires et universitaires. Il encourage les échanges culturels des jeunes avec les autres pays européens, notamment avec l'Allemagne. En voyage au Québec, il s'exclame devant une foule de Canadiens français «Vive le Québec libre!». Enfin, une politique d'ouverture vers l'Union soviétique est amorcée. De Gaulle prépare-t-il un renversement des alliances?

L'ouverture à l'Est

Il s'en explique longuement avec Adenauer et avec le sénateur américain Church. La France quitte l'OTAN, parce que l'instrument n'est plus adapté à la situation. Cette alliance militaire fait peser sur la souveraineté française une contrainte qui n'est plus nécessaire. Les vrais conflits n'ont pas lieu en Europe : ils ne sont pas couverts par l'OTAN. La menace soviétique sur le continent peut être contournée. S'il est souhaitable que l'armée américaine reste présente en Allemagne, toujours vulnérable à la menace venue de l'Est, la France peut, elle, reprendre sa liberté. S'il n'est pas favorable à la réunification de l'Allemagne, le général est, en revanche, fermement attaché à ce que les frontières allemandes, définies après la guerre, ne soient pas remises en question. Il est convaincu que l'Europe est «l'affaire combinée des Français et des Allemands ensemble». Il pense, comme Adenauer, que la menace soviétique est exagérée d'autant qu'il perçoit déjà les premiers symptômes de la récession en URSS. Les problèmes qui se posent aux Soviétiques sont aigus. Leurs difficultés économiques s'accroissant, l'Occident a tout intérêt à jouer la carte de la décrispation et de l'ouverture. Le général se rend à Moscou où les Soviétiques lui réservent un accueil chaleureux. Pour eux, c'est le dernier grand de la «grande guerre patriotique». De Gaulle s'exclame en russe : «Vive le Soviet de Moscou!» Une fois de plus, de Gaulle a parlé dans la langue nationale du peuple qu'il visite.

Le voyage en URSS est suivi de nombreux contacts avec les pays de l'Est. Plusieurs de leurs dirigeants sont reçus à Paris, et Maurice Couve de Murville se rend en Tchécoslovaquie, en Hongrie et en Yougoslavie.

En revanche, les relations piétinent avec les pays arabes. L'Égyptien Nasser reste de marbre face aux avances du général. La politique arabe dont rêvait le général tarde à se mettre en place, même si les Français se réjouissent d'être enfin en paix, après près de vingt ans de guerres continuelles.

La «rogne» et la «grogne» des divers groupements de mécontents tient lieu d'opposition politique. Dans le troisième gouvernement Pompidou, Michel Debré a remplacé Valéry Giscard d'Éstaing au ministère des Finances et s'efforce de désamorcer les critiques contre la politique gouvernementale. À la veille des élections législatives de 1967, le climat est tendu.

Le Redoutable *est le premier sous-marin nucléaire lanceur d'engins dont se dote la France. Il emporte 16 missiles balistiques capables d'anéantir une cible à plusieurs milliers de kilomètres de distance. Aujourd'hui encore, les sous-marins sont l'outil privilégié de la dissuasion, car ils sont difficilement détectables.*

C'est un semi-échec pour le mouvement gaulliste qui remporte la majorité de justesse et ne dispose que d'une voix d'avance à l'Assemblée. Georges Pompidou peut-il continuer à gouverner? Il est en fait contraint de solliciter une délégation de pouvoir en matière économique et sociale. Sa position est devenue précaire. Valéry Giscard d'Estaing qui dirige le groupe des républicains indépendants marque de plus en plus ses distances au sein de la majorité. L'expansion, cependant, continue sa course et les réussites économiques s'accumulent. Le prototype supersonique franco-britannique Concorde est achevé, le premier sous-marin nucléaire est lancé. Les régions s'aménagent et prospèrent, notamment la Bretagne, l'Aquitaine et le Languedoc-Roussillon. Des accords sur l'achat de gaz et de pétrole sont signés avec l'Algérie.

Le printemps de 1968

Mai 1968 surprend le général et le monde entier. À ses yeux, les Français n'ont pas de raisons majeures d'exprimer leur mécontentement.

Le général de Gaulle au salon du Bourget en 1967. Vitrine de la technologie française, l'avion supersonique Concorde aura cependant beaucoup de mal à s'imposer face aux lobbies américains. Il sera ensuite victime de la crise de l'énergie.

Si une grande partie de l'opinion américaine proteste contre la guerre du Viêt-nam et la ségrégation raciale, de Gaulle a lui toujours affirmé son désir de paix en Extrême-Orient et la France n'a pas encore de problèmes d'«intégration», sinon celui des pieds-noirs en passe d'être résolu. Les travailleurs immigrés trouvent facilement des emplois et l'on ne compte que 250 000 chômeurs. Le niveau de vie a considérablement augmenté même si l'enrichissement profite à certaines catégories plus qu'à d'autres.

Seulement, l'accroissement brutal du nombre d'étudiants pose des problèmes d'encadrement et de programmes. Ils étaient 200 000 en 1958, ils sont aujourd'hui 500 000! Les vieilles facultés ne sont pas adaptées à un tel afflux d'étudiants et dispensent un enseignement sans rapport direct avec le marché du travail. Le système éducatif oriente vers les filières traditionnelles qui sont bouchées et a besoin d'être réformé pour s'adapter à la révolution de l'électronique et de la communication.

De leur côté, les masses ouvrières sont inquiètes. La reconversion de l'économie — la troisième révolution industrielle — menace les anciennes activités : mines de charbon, sidérurgie et certains secteurs de la chimie. Un fossé se creuse entre les entreprises à gestion moderne promises à un avenir radieux et les usines du XIXe siècle en difficulté, le textile en tête. La colère gronde dans les usines menacées par la reconversion. Ce climat revendicatif s'ajoute au malaise étudiant pour créer une conjoncture très particulière.

Les troubles commencent en janvier 1968 sur le campus de l'université de Nanterre, en banlieue parisienne. Cette université presque neuve abrite déjà plusieurs milliers d'étudiants, entassés dans des amphithéâtres sous-dimensionnés.

La dernière bataille

Le 22 mars, un mouvement se crée autour de Daniel Cohn-Bendit et de ses camarades gauchistes qui rejettent la «société de consommation» mais aussi le modèle communiste. Le 28, le grand amphithéâtre de la Sorbonne, à Paris, est occupé par deux cents étudiants en colère. Les troubles ressurgissent à Nanterre en avril, et, le 2 mai, les cours sont suspendus. Le 3, le gouvernement fait évacuer la Sorbonne occupée par les étudiants. Le 4, la Sorbonne est fermée.

L'agitation a gagné la rue. Les bagarres font de nombreux blessés chez les étudiants comme parmi les forces de l'ordre. Pompidou est en voyage en Iran et en Afghanistan. Quand le gouvernement fait évacuer la Sorbonne, les bousculades se multiplient. Le 6 mai, les étudiants

Dans les premiers jours du mois de mai, Paris connaît de violentes manifestations étudiantes au cours desquelles des voitures sont incendiées et des vitrines brisées. Malgré l'intervention des forces de l'ordre, la situation reste explosive. Les manifestations se poursuivent, et bientôt le monde ouvrier prendra le relais.

manifestent pour faire libérer leur camarades arrêtés. On relève 400 blessés parmi les étudiants, 200 parmi les policiers.

«Le pouvoir ne recule pas», déclare de Gaulle. Le 10 mai, des barricades sont dressées dans le Quartier latin, des voitures renversées, des arbres incendiés. La folle «nuit des barricades» se solde par 376 blessés et 500 arrestations. Le Quartier latin a retrouvé l'émotion des grandes journées. Les habitants des quartiers concernés applaudissent d'abord les étudiants, puis s'inquiètent des bris de vitrines et des incendies et demandent bientôt la fin des désordres.

Pompidou rentre à Paris le 11 mai. Il croit utile de jeter du lest, fait rouvrir la Sorbonne et libérer les étudiants arrêtés. Ces mesures sont interprétées comme un signe de faiblesse du pouvoir. La Sorbonne est investie. Les troubles persistent au Quartier latin et gagnent toutes les villes universitaires de province.

De Gaulle a disparu

Le 13 mai, une grève générale est déclenchée dans tout le pays, tandis qu'une manifestation syndicale est organisée. Elle obtient un succès spectaculaire avec pour slogan «Dix ans, ça suffit!». Plusieurs centaines de milliers de personnes suivent les leaders dans un gigantesque défilé. Les hommes politiques rejoignent hâtivement le mouvement. Mendès France est présent au meeting du stade Charléty où l'on demande un changement de pouvoir (27 mai). Pendant ce temps, que fait de Gaulle? Il est en visite officielle à Bucarest. L'État ne réagit pas et semble paralysé. Les Français restent chez eux, les trains ne partent plus, les pompes à essence ne sont plus approvisionnées.

Le général finit par écourter son voyage en

La dernière bataille

Roumanie. Le 20 mai, à son retour, on compte 10 millions de grévistes! «En cinq jours, dix ans de lutte contre la vachardise ont été perdus», dit-il aux ministres. C'est la «chienlit!». Il parle à la télévision le 24 mai. Sans résultat. Du 25 au 28, les troubles continuent dans Paris. Pompidou négocie fébrilement avec les responsables syndicaux. Il fait des concessions, convainc les patrons de consentir à un effort spectaculaire (accords de Grenelle). Dans certains secteurs, comme l'automobile, les salaires sont augmentés d'un seul coup de 35 %. Rien n'y fait. La grève continue. Les intentions politiques de la CGT, la centrale syndicale communiste, sont de plus en plus manifestes : c'est de Gaulle et le régime que l'on veut abattre.

Pompidou prévoit l'éventualité d'une guerre civile. Il rassemble discrètement les blindés de la gendarmerie au cas où...

On apprend le 29 une nouvelle incroyable : de Gaulle a disparu!

Il n'est pas à Paris, ni à Colombey. Il n'est nulle part en France. Cette éclipse n'est pas la

Le général à Baden-Baden, en RFA. En mai 1968, de Gaulle est pris de court par les événements que rien ne semble devoir enrayer. Aujourd'hui encore, les raisons de sa visite à Massu n'ont pas été totalement éclaircies.

moindre surprise des événements de mai. On s'interroge, on imagine le pire. Où est le président de la République? Où se cache-t-il?

Il est à Baden-Baden. Il a rejoint le général Massu qui commande les forces françaises en Allemagne. Sa femme l'accompagne. Ils ont atterri en hélicoptère. Massu les attendait. «Tout est foutu, Massu», a dit le général en posant le pied à terre.

Pourtant, dès le lendemain, il est de retour à Paris. Il apprend qu'une manifestation communiste a été dispersée dans le calme. Il lui semble dès lors possible de reconquérir le pouvoir. À soixante-dix-huit ans, en a-t-il la force? Avant de disparaître, ne s'était-il pas confié à Pompidou en lui disant: «Je suis fatigué...»?

Le gouvernement Pompidou après mai 1968.

Le 30 mai au soir, il parle à la radio. Il dit qu'il restera, que les ministres resteront, que la Chambre est dissoute et que de nouvelles élections auront lieu. Il évoque le danger que les grévistes font courir à la République et appelle à la mobilisation de l'action civique. À peine a-t-il fini son allocution que des milliers de personnes descendent dans la rue et rejoignent les Champs-Élysées. Ils sont bientôt 800 000, un million peut-être, derrière les gaullistes «historiques», les Debré, Schumann, Chaban-Delmas, Malraux et tant d'autres. Les drapeaux tricolores fleurissent aux fenêtres.

La dernière bataille

Un mois plus tard (les 23 et 30 juin), les élections envoient à l'Assemblée 358 députés gaullistes, la majorité absolue. Le général de Gaulle a gagné sa dernière bataille.

Sitôt les députés élus, un nouveau gouvernement est formé en juillet avec les fidèles : Couve de Murville est Premier ministre et Michel Debré prend le Quai d'Orsay. Avec efficacité, on se remet au travail. Que reste-t-il de mai 68? Un mauvais souvenir. C'était «l'attrait du néant», déclare le général. Il semble que la parenthèse soit refermée.

De Gaulle a-t-il été déçu par les Français? Est-il soudain las du pouvoir? Il décide d'organiser un référendum. Les électeurs sont appelés à se prononcer sur une double question : faut-il remplacer le Sénat par une sorte de conseil économique et social? Faut-il créer des régions décentralisées? Le général annonce que si son texte n'est pas approuvé par les Français, il quittera le pouvoir.

De Rome où il est en vacances, Georges Pompidou fait savoir qu'il sera éventuellement

De Gaulle et Georges Pompidou lors d'une cérémonie avec des anciens combattants.

candidat à la présidence de la République en cas de départ du général. Il n'y a plus, dans ces conditions, de risque de vacance du pouvoir. La candidature de Pompidou, qui a géré sans défaillir la crise de mai, paraît sérieuse et légitime. Est-ce une manière de brusquer le départ du président? «Il est archi-naturel et tout à fait indiqué que vous vous présentiez», commente celui-ci. Peut-être lui reproche-t-il un peu, toutefois, d'avoir fait connaître sa décision trop tôt, ce qui aurait découragé les partisans du «oui» au référendum.

Le 27 avril 1969, les Français se rendent aux urnes : 47% de *oui*; 53% de *non*. Le texte n'est pas approuvé par les électeurs. Le 28 avril à 0 heure 10, l'agence France-Presse annonce le

La dernière bataille

départ immédiat du général de Gaulle de l'Élysée. Il part aussitôt pour l'Irlande.

En juin, Georges Pompidou est élu président de la République avec une large majorité de 58 % des suffrages. De Gaulle lui envoie un télégramme de félicitations. Puis, il s'installe à Colombey pour y rédiger ses *Mémoires d'espoir*, la suite des *Mémoires de guerre*.

Le chêne abattu

Charles de Gaulle ne quitte pratiquement pas sa propriété. Il répond aux innombrables lettres qui lui arrivent de France et du monde entier. Il se rend en Espagne, commence à préparer un

Le cercueil de De Gaulle est emporté sur un véhicule blindé.

voyage en Chine. Les jours, les semaines s'écoulent.

Le 9 novembre 1970, assis à une petite table de jeu, il fait une réussite en attendant le bulletin d'information télévisé. Yvonne est près de lui.

«J'ai mal au dos», lui dit-il.

Quelques minutes plus tard, il meurt d'une rupture d'anévrisme.

Le lendemain, la une du *Figaro* affiche un dessin du caricaturiste Jacques Faizant : Marianne pleure devant un chêne terrassé par la foudre. Un chêne abattu...

«La France est veuve», déclare Georges Pompidou aux Français en faisant connaître le testament du général. Rédigé depuis longtemps, ce texte prévoit les modalités de son enterrement. Des obsèques villageoises, sans musique ni discours, pas de funérailles nationales. Un ensevelissement pieux dans le petit cimetière de Colombey-les-Deux-Églises. Devant la famille et les compagnons rassemblés, la dépouille de Charles de Gaulle rejoint dans la fosse celui de la petite Anne.

Ainsi disparaît le dernier héros de l'histoire de France, au seuil des temps nouveaux dont il prévoyait la venue. Couché dans la terre gauloise, le combattant des deux guerres abandonne «le grand flot qui nous entraîne tous vers un destin apparemment sans mesure et en tout cas, sans précédent». Ceux qui, sans lui, continueront la course ne peuvent manquer de lui reconnaître une dette croissante. Ainsi en est-il des héros : plus grands encore morts que vivants.

Page ci-contre.
Charles de Gaulle est enseveli dans le petit cimetière de Colombey-les-Deux-Églises.

La dernière bataille

CHRONOLOGIE

	1890
22 novembre	Naissance à Lille
	1900
Octobre	Entrée au collège des jésuites de l'Immaculée-Conception à Paris.
	1908
	Entrée au collège Stanislas.
	1909
30 septembre	119e au concours d'entrée à Saint-Cyr; il intègre l'école l'année suivante.
	1912
1er septembre	Sortie de Saint-Cyr au 13e rang.
10 octobre	Sous-lieutenant, affecté au 33e régiment d'infanterie d'Arras, commandé par le colonel Pétain.
	1914
15 octobre	De Gaulle rejoint le 33e RI sur le front de Champagne
	1915
Janvier-février	Décoré de la croix de guerre, et promu capitaine.
	1916
2 mars	Fait prisonnier à Verdun, il est interné à Osnabrück.
29 octobre	S'évade du camp de Szuczyn mais est repris huit jours plus tard.
	1917
15 octobre	S'évade du fort de Rosenberg mais est repris dix jours plus tard.

1918
7 juillet — Nouvelle tentative d'évasion et nouvel échec.
3 décembre — Retour en France.

1920
Donne des cours à l'académie militaire de Rambertow, puis participe aux opérations sur la Vistule contre l'Armée rouge.
Décembre — Professeur-adjoint d'histoire à Saint-Cyr.

1921
6 avril — Mariage avec Yvonne Vendroux.
28 décembre — Naissance de Philippe de Gaulle.

1922
2 mai — Entrée à l'École supérieure de guerre.

1924
Mars — Publication de la *Discorde chez l'ennemi*.

1925
1ᵉʳ juillet — Rejoint l'état-major du maréchal Pétain.

1927
Septembre — Commande le 19ᵉ BCP à Trèves.

1929
Octobre — Chargé des 2ᵉ et 3ᵉ bureaux à Beyrouth.

1931
Novembre — Nommé au secrétariat général de la Défense nationale.

1932
22 juillet — Publication du *Fil de l'épée*.

1934
5 mai — Publie *Vers l'armée de métier*.

1936
7 mars — Hitler occupe la Rhénanie.

1937
Septembre — Commande le 507ᵉ régiment de chars à Metz.
24 décembre — Promu colonel.

1938
Septembre — Publie *la France et son armée*.

1939
3 septembre — La guerre est déclarée à l'Allemagne qui vient d'envahir la Pologne.

1940
7 mars — Nommé commandant d'une division cuirassée en formation, la IVᵉ DCR.
10 mai — Les troupes blindées allemandes menacent Sedan. De Gaulle déclenche à Montcornet une contre-offensive.
Mai — Promu général de brigade à titre temporaire.
5 juin — Nommé sous-secrétaire d'État à la guerre et à la Défense nationale.

Chronologie

9 juin	Rencontre Churchill à Londres.
14 juin	Les Allemands à Paris. Le gouvernement s'installe à Bordeaux.
16 juin	Reynaud démissionne et Lebrun fait alors appel à Pétain. De Gaulle regagne Bordeaux.
17 juin	Envoyé par Reynaud, de Gaulle est reçu à Londres par Churchill. Les micros de la BBC sont mis à sa disposition. Pétain a appelé à l'arrêt des combats.
18 juin	De Gaulle appelle les Français à poursuivre la lutte.
22 juin	L'armistice est signé par le général Huntziger.
28 juin	Le gouvernement britannique reconnaît le général de Gaulle comme chef de tous les Français libres.
3 juillet	À Mers el-Kébir, les Anglais détruisent une partie de la flotte française.
4 juillet	De Gaulle est condamné par un tribunal militaire.
7 août	Les accords de Gaulle-Churchill posent les bases d'une coopération entre l'Empire britannique et la France libre.
26-27-28 août	Le Tchad, le Cameroun et le Congo se rallient à la France libre.
23 septembre	Devant Dakar, la flotte franco-britannique se heurte à une forte résistance.
24 octobre	Pétain rencontre Hitler à Montoire. Début de la «collaboration».
27 octobre	Création du Conseil de défense de l'Empire à Brazzaville.

1941

21 juin	Hitler attaque l'URSS.
24 septembre	Refonte du Comité national français.
26 septembre	L'URSS reconnaît la France libre.
7 décembre	L'aviation japonaise détruit la flotte américaine à Pearl Harbor.

1942

1er janvier	Jean Moulin, représentant de De Gaulle, est parachuté en France.
10 juin	Victoire de Kœnig à Bir-Hakeim.
Juillet	La France libre devient la «France combattante», reconnue par Washington comme «symbole» de la résistance française.
Octobre	Conférence des chefs de la Résistance intérieure qui retrouvent de Gaulle à Londres.
8 septembre	Les forces alliées américano-britanniques débarquent en Algérie.
11 novembre	La «zone libre» est envahie par les nazis.

1943

2 janvier	De Gaulle, dans un discours à la BBC, parle désormais d'assumer un pouvoir central provisoire à partir de l'Empire.
Janvier	Churchill propose à de Gaulle de se joindre aux entretiens d'Anfa (Maroc) où Giraud est aussi invité.
12 février	Jean Moulin et le général Delestraint atterrissent à Londres après avoir unifié la résistance intérieure. Jean Moulin, seul représentant du général de Gaulle, constitue le Conseil National de la Résistance.
27 mai	Séance inaugurale du CNR à Paris.
30 mai	De Gaulle copréside avec le général Giraud le Comité français de libération nationale (CFLN) formé le 3 juin.
21 juin	Jean Moulin et cinq de ses camarades sont arrêtés à Caluire (Lyon).

Juillet	Les forces alliées débarquent en Sicile.
26 août	Le CFLN est reconnu comme représentant les «intérêts français» par Moscou, Londres et Washington.
17 septembre	Réunion à Alger de la première «Assemblée consultative».
25 novembre	L'armée française de Juin débarque à Naples.

1944

24 janvier	À Brazzaville, de Gaulle y fait prévoir l'émancipation des Africains.
3 juin	Le CFLN annonce sa constitution en gouvernement provisoire de la République française (GPRF).
5 juin	Entrée des forces françaises dans Rome.
6 juin	Débarquement allié en Normandie.
14 juin	De Gaulle débarque sur la côte normande.
Juillet	De Gaulle est reçu par le président Roosevelt à la Maison-Blanche.
20 août	L'insurrection se déclenche à Paris.
24 août	Dépêché par Leclerc, le capitaine Dronne pénètre à l'Hôtel de Ville.
25 août	De Gaulle entre dans Paris et s'installe au ministère de la Guerre.
26 août	De Gaulle descend les Champs-Élysées.
8 septembre	De Gaulle forme son premier gouvernement.
23 octobre	Les Alliés reconnaissent enfin le GRPF.
23 novembre	La 2ᵉ DB libère Strasbourg.
2-9 décembre	De Gaulle rencontre Staline à Moscou.

1945

4 février	À Yalta, où de Gaulle n'est pas convié, la France obtient une zone d'occupation en Allemagne, devient membre de la Commission de contrôle interalliée et du conseil de sécurité des futures Nations unies.
7 mai	La capitulation allemande est signée à Reims, et le 8 mai à Berlin.
17 juillet	Conférence de Potsdam, sans la France.
Novembre	De Gaulle élu par l'Assemblée constituante, chef de gouvernement. Il forme un gouvernement «tripartite» (MRP, SFIO et PCF).

1946

20 janvier	Le général de Gaulle abandonne le pouvoir.
16 juin	Discours de Bayeux préfigurant la constitution de la Vᵉ République.

1947

7 avril	Il fonde le Rassemblement du peuple français (RPF).
19 octobre	Le RPF obtient 40 % des suffrages aux élections municipales.

1948

16-18 avril	Premières assises nationales du RPF à Marseille.

1951

17 juin	Le RPF remporte 121 sièges à l'Assemblée.

1952

De Gaulle se retire à La Boisserie et rédige ses mémoires.

1954

Octobre	Publication des *Mémoires de guerre*.

Chronologie

1958

13 mai	À Alger, Massu préside un Comité de Salut public qui réclame le retour de De Gaulle au pouvoir.
15 mai	De Gaulle se dit prêt à «assumer les pouvoirs de la République».
29 mai	Coty lui propose de former le gouvernement, qu'il constitue le 31.
31 mai	Le général constitue un cabinet.
1er, 2, 3 juin	La confiance est accordée par la Chambre des députés. Le gouvernement est habilité à procéder à une réforme constitutionnelle.
Août	Voyage en Afrique.
28 septembre	La nouvelle constitution recueille 80 % de oui.
30 novembre	L'UNR, le parti gaulliste, emporte plus de 200 sièges aux législatives.
Décembre	Le plan de redressement économique est adopté. Le franc lourd est institué, la libéralisation des échanges décidée.
21 décembre	De Gaulle élu chef de l'État à 78,5 % des suffrages par 80 000 parlementaires et élus locaux.
8 janvier	Fondation de la Ve République. Michel Debré Premier ministre.
17 mars	De Gaulle affirme que la fabrication de la bombe atomique française est une priorité absolue.
27-30 août	Voyage de De Gaulle en Algérie.
16 septembre	Projet d'autodétermination de l'Algérie.

1960

18 janvier	Le général Massu se déclare opposé à la politique algérienne du pouvoir.
24 janvier	Massu est limogé. Grève générale et barricades à Alger.
31 janvier	Fin des barricades.
3 février	L'Assemblée vote les pouvoirs spéciaux au gouvernement.
13 février	Première explosion atomique française à Reggane (Sahara).
23 mars-3 avril	Khrouchtchev en France.
16 mai	Ouverture à Paris du sommet des quatre Grands (Eisenhower, Khrouchtchev, MacMillan, de Gaulle). Échec de la conférence.
14 juin	De Gaulle se prononce pour l'émancipation de l'Algérie.
20 juin	Le GPRA envoie une délégation à Melun : les négociations échouent.
29 juillet	Adenauer et de Gaulle se rencontrent à Rambouillet.
9-12 décembre	De Gaulle est mal reçu par les pieds-noirs.

1961

8 janvier	75 % de oui au référendum sur l'autodétermination.
22 avril	Putsch des généraux Challe, Zeller, Jouhaud et Salan.
26 avril	Challe et Zeller se livrent. Salan et Jouhaud rejoignent l'OAS (Organisation armée secrète).
20 mai	Ouverture à Évian des négociations avec le GPRA.
8 septembre	De Gaulle échappe à un attentat OAS à Pont-sur-Seine.

1962

8 février	Répression du métro Charonne.
18 mars	Les accords d'Évian sont signés. De Gaulle annonce un cessez-le-feu qui entre en vigueur le 19.
8 avril	Très large approbation des accords d'Évian par les Français.

14 avril	Georges Pompidou Premier ministre.
3 juillet	Proclamation de l'indépendance de l'Algérie.
2-9 juillet	Nouvelle visite du chancelier Adenauer en France.
22 août	De Gaulle échappe à un attentat au Petit-Clamart.
5 octobre	Le cabinet Pompidou est mis en minorité.
10 octobre	Le général décrète la dissolution de l'Assemblée nationale.
22-29 octobre	De Gaulle approuve le blocus de Cuba.
28 octobre	Le projet prévoyant l'élection du chef de l'État au suffrage universel obtient 66,25 % des suffrages exprimés lors d'un référendum.

1963

22 janvier	Signature d'un accord de coopération franco-allemand.
3 août	L'URSS, les États-Unis et la Grande-Bretagne signent à Moscou un accord relatif aux essais nucléaires. La France refuse de s'y joindre.

1964

27 janvier	La France reconnaît la Chine communiste.
19 décembre	Transfert des cendres de Jean Moulin au Panthéon.

1965

4 février	De Gaulle dénonce l'hégémonie du dollar.
30 juin	La France cesse de coopérer avec le Marché commun.
4 novembre	De Gaulle annonce à la télévision sa décision de solliciter un second mandat présidentiel.
5 décembre	De Gaulle : 44 %. Mitterrand : 32 %. Lecanuet : 16 %.
19 décembre	De Gaulle : 54,6 %. Mitterrand : 45,4.

1966

8 janvier	Troisième gouvernement Pompidou.
7 mars	Retrait de la France de l'OTAN (mais pas de l'Alliance atlantique).
11 mai	La France reprend sa place à Bruxelles.
20-30 juin	Voyage du général de Gaulle en URSS.
1ᵉʳ septembre	De Gaulle dénonce à Pnom-Penh les risques de l'intervention militaire américaine au Viêtnam.

1967

5-12 mars	Au premier tour des législatives, les gaullistes obtiennent 37,7 % des suffrages, le PCF 22,5 % et la FGDS 18,7 %. Après le second tour, les gaullistes n'ont plus à l'Assemblée qu'une majorité de trois sièges.
2 juin	Embargo sur les livraisons d'armes française à destination des pays du Proche-Orient.
5 juin	En six jours, Israël conquiert le Sinaï, le Golan et Jérusalem.
24 juillet	De Gaulle s'exclame à Montréal «Vive le Québec libre!»
6-12 septembre	Voyage en Pologne.
27 novembre	Déclaration hostile à Israël.

1968

22 mars	Cohn-Bendit prend la tête d'un mouvement à l'université de Nanterre.
2 mai	La Sorbonne est investie par les étudiants.
13 mai	300 000 manifestants défilent dans Paris. Grève générale.

14 mai	De Gaulle part pour une visite officielle en Roumanie.
18 mai	Retour à Paris.
29 mai	Conclusion des «accords de Grenelle». De Gaulle quitte l'Élysée pour Baden-Baden.
30 mai	Dissolution de l'Assemblée nationale. Manifestation gaulliste aux Champs-Élysées.
24 août	Explosion de la première bombe thermonucléaire française.

1969

17 janvier	À Rome, Georges Pompidou annonce qu'il pourrait être candidat à la présidence de la République.
28 février-2 mars	Visite officielle du président Nixon à Paris.
27 avril	Au référendum sur la réforme du Sénat et des régions, le «non» recueille près de 53 % des voix. À minuit, le général de Gaulle annonce que ses fonctions prennent fin.

1970

23 octobre	Parution des *Mémoires d'espoir*.
9 novembre	Charles de Gaulle meurt à La Boisserie, un peu après 19 heures.

BIBLIOGRAPHIE

I. Œuvres de Charles de Gaulle
(disponibles en collection de poche, Presses-Pocket, à l'exceptions des *Lettres*)
La Discorde chez l'ennemi
Le Fil de l'épée
Vers l'armée de métier
La France et son armée
Mémoires de guerre (3 vol.)
Discours et messages (5 vol.)
Mémoires d'espoir (2 vol.)
Lettres, notes et carnets, textes présentés et choisis *par Philippe de Gaulle* (9 vol.), Plon, 1980-1986.

II. Ouvrage sur Charles de Gaulle
Jean LACOUTURE, *De Gaulle*, 3 vol., Éditions du Seuil, 1986; coll. «Points-Histoire», 3 vol., 1990.

INDEX

ADENAUER (Konrad) : 225, 227, 230
ARGENLIEU (Thierry d') : 164, 177
ASTIER DE LA VIGERIE (Emmanuel d') : 140
AUBOYNEAU (amiral)) : 135
AUGIER (colonel)) : 57
AURIOL (Vincent) : 197
BARBIE (Klaus) : 130
BARRACHIN : 181
BASTIEN-THIRY : 218
BEN BELLA (Ahmed) : 223
BÉTHOUART (général) : 135, 136
BIDAULT (Georges) : 109, 128, 140, 146, 160, 207
BISMARCK : 28
BLUM (Léon) : 72, 75, 151
BOISDEFFRE (général) : 20
BOISSIEU (Alain de) : 195, 218
BONNIER DE LA CHAPELLE : 124
BOUDIENNY : 58
BOULANGER : 183
BOURGOIS (colonel) 144
BOURGUIBA (Habib) : 195
BOURRET (général) : 76
BROUILLET (René) : 200
BUGNET (colonel) : 64
BURON (Robert) : 229

CAPITANT (René) : 133
CASSIN (René) : 135
CATROUX (général) : 192
CHABAN-DELMAS (Jacques) : 191, 195
CHALLE (Maurice) : 202, 206, 208, 210
CHAMBERLAIN : 75
CHAUTEMPS (Camille) : 75
CHEVIGNÉ (Pierre de) : 142
CHOLTITZ (von) : 147,
CHURCH (sénateur américain) : 230
CHURCHILL (Winston) : 82, 85, 88, 90, 91, 92, 93, 101, 105, 109, 112, 113, 140, 160, 162
CLEMENCEAU (Georges) : 153, 154
COCHET (général) : 139
COHN-BENDIT (Daniel) : 235
COOPER (Duff) : 140
CORNUT-GENTILLE (Maurice) : 210
COTY (René) : 187, 190, 196, 198, 205
COULET : 142
COURCEL (Geoffroy de) : 83
COUVE DE MURVILLE (Maurice) : 231, 239
CRÉPIN : 213
DAC (Pierre) : 96

Index

DALADIER (Édouard) : 72, 74, 75
DARLAN (amiral) : 105, 118, 122, 123
DARNAND (Joseph : 118, 137
DE GAULLE (Anne) : 64, 77
DE GAULLE (Charles) :
- annonce de sa mort pendant la guerre de 1914-1918 : 42
- prisonnier : 42-53
- mission en Pologne : 54-56
- mariage : 59
- bataille de Montcornet (1940) : 78-79
- appel du 18 juin : 84-87
- à Paris en 1944 : 149
- chef du gouvernement provisoire : 153-173
- fondation du RPF : 177
- retraite à Colombey-les-Deux-Églises : 187
- reçoit les pleins pouvoirs (1958) : 198
- désigné président de la République : 205
- attentat de Pont-sur-Seine (1962) : 216
- accords d'Évian (1962) : 217
- attentat du Petit-Clamart (1962) : 218-219, 221
- Mai 1968 : 232-243
- démission : 241
- décès : 241-243

DE GAULLE (Élizabeth) : 64, 88
DE GAULLE (Henri) : 15, 17, 18, 18, 42
DE GAULLE (Jacques) : 38, 43, 52, 53
DE GAULLE (Jeanne, née MAILLOT) : 15, 16, 18, 18, 42
DE GAULLE (Marie-Agnès) : 52, 53
DE GAULLE (Philippe) : 88, 91, 141, 211
DE GAULLE (Pierre) : 38, 43, 52, 53, 180
DE GAULLE (Xavier) : 16, 17, 18, 38, 43, 52,
DE GAULLE (Yvonne) : 59, 60, 61, 77, 78, 88, 97, 134, 164, 242
DÉAT (Marcel) : 118
DEBRÉ (Michel) : 205, 207, 216, 221, 224, 225, 231, 239
DECOUX (amiral) : 159
DELESTRAINT (général) : 180
DELOUVRIER (Paul) : 201, 213
DIETHELM (André) : 134, 135, 181
DORIOT (Jacques) : 118
DREYFUS (capitaine Alfred) : 19
DROIT (Michel) : 228
DRONNE (capitaine) : 148
DUPRET (capitaine) : 48
ÉBOUÉ (Félix) : 100 102
EISENHOWER (Dwight) : 138, 139, 140, 144, 146, 147, 148, 158, 161,
ESTIENNE D'ORVES : 108
FAIZANT (Jacques) : 242
FAROUK (roi d'Égypte) : 192
FAURE (Édgar) : 191
FOCH (maréchal) : 50, 56
FOUCHET (Christian) : 181, 217, 230
FRENAY (Henri) : 98
GAILLARD (Félix) : 196
GEORGES (Pierre dit colonel Fabien) : 107
GEORGE V (roi d'Angleterre) : 40,
GIRAUD (général) : 78, 114, 122, 122, 124, 128, 129, 133, 134, 135, 136, 139
GISCARD D'ESTAING (Valéry) : 231, 232
GRASSE (commandant) : 35
GRENIER (Fernand) : 135
GUDERIAN (Heinz) : 77
GUICHARD (Olivier) : 181
HASSAN II (roi du Maroc) : 229
HERRIOT (Édouard) : 150, 175, 176
HITLER (Adolf) : 11, 65, 72, 75, 78, 88, 93, 93, 94, 105, 106, 108, 146, 162
HORNE (amiral) : 112
HO CHI MINH : 166
HUGO (Victor) : 7

JACQUINOT (Louis) : 133, 134
JEANNENEY (Jules) : 150, 157
JOFFRE (maréchal) : 40, 44
JOUHAUD (général) : 214, 217
JOXE (Louis) : 213, 214, 217
JUIN (général) : 136, 139
KŒNIG (général) : 139, 152, 168
LACOSTE (Robert) : 192, 195
LATTRE DE TASSIGNY (général de) : 136, 144, 154, 157, 158, 159, 160, 162
LAVAL (Pierre) : 124
LEBRUN (Albert) : 76, 82
LECANUET (Jean) : 227
LECLERC DE HAUTECLOCQUE (général) : 140, 147, 148, 152, 154, 157, 158, 159, 166, 177, 181
LEFRANC (Pierre) : 99
LEUSSE (Bruno de) : 214
LE GENTILHOMME (général) : 135
LE GUARREC (commandant) : 144
LE TROCQUER (André) : 139
LUIZET (préfet) : 146
MAES (capitaine) : 33
MAGINOT : 74, 77
MALRAUX (André) : 181, 196, 224, 229
MANDEL (Georges) : 182
MASSU (général) : 194, 196, 197, 206, 208, 209, 237, 238
MAURRAS (Charles) : 19
MENDÈS FRANCE (Pierre) : 140, 187, 189, 190, 191, 198, 236, 239
MESSMER (Pierre) : 213, 223
MEYER : 51
MICHELET (Édmond) : 181
MITTERRAND (François) : 185, 190, 191, 198, 227, 228
MOLLET (Guy) : 191, 198
MONNET (Jean) : 134, 201
MOULIN (Jean) : 121, 124, 125, 126, 127, 128, 130
MUSELIER (amiral) : 91, 135,
MUSSOLINI (Benito) : 65, 135
NAPOLÉON : 7, 63

NASSER : 192, 231
NOGUERES (Henri) : 157
PALEWSKI (Gaston) : 181
PARODI (Alexandre) : 143, 144, 146, 149
PATTON (général) : 182
PÉTAIN (Philippe) : 27, 29, 61, 63, 81, 82, 85, 86, 87, 90, 92, 93, 94, 101, 104, 120, 170
PEYREFITTE (Alain) : 223, 226
PFLIMLIN (Pierre) : 196, 197
PHILIP (André) : 171, 172,
PIE XII : 143
PINAY (Antoine) : 185, 185, 186, 198, 206
PLEVEN (René) : 134, 135, 169, 181, 185, 186
POINCARÉ (Raymond) : 40,
POMPIDOU (Georges) : 156, 181, 195, 214, 224, 225, 232, 235, 236, 237, 238, 239, 240, 241
QUEUILLE (Henri) : 133
RAMADIER (Paul) : 177, 181
REYNAUD (Paul) : 11, 65, 69, 70, 71, 74, 76, 80, 81, 104, 181
ROBERT (amiral) : 111
ROOSEVELT (F.D.) : 101, 109, 110, 111, 143, 144, 157, 160, 162
SABATTIER (général) : 159
SALAN (général) : 194, 195, 196, 200, 201, 214
SCHUMAN (Robert) : 186
SCHUMANN (Maurice) : 138, 239
SOUSTELLE (Jacques) : 134, 136, 181, 191, 192, 210
STALINE : 105, 106, 108, 154, 160, 162
THOREZ (Maurice) : 137, 138, 154, 168, 181
TILLON (Germaine) : 208
TRUMAN (Harry) : 167
WEYGAND (général) : 79, 80, 81, 82, 90, 104, 139, 159, 209
ZELLER (Marie André) : 214

TABLE DES MATIERES

	Introduction	7
1.	L'enfant de la ville	15
2.	L'épreuve du feu	33
3.	La plume et l'épée	53
4.	Le défenseur des chars d'assaut	69
5.	L'homme de Londres	85
6.	Face aux Américains	101
7.	Le chef de la Résistance	117
8.	L'homme d'Alger	133
9.	Chef du gouvernement provisoire	153
10.	Le rassembleur du peuple français	175
11.	Le sauveur de 1958	189
12.	L'indépendance algérienne	205
13.	La dernière bataille	221
	Chronologie	245
	Bibliographie	251
	Index	252

CRÉDITS PHOTOGRAPHIQUES

Agence Keystone : 6, 26, 67, 76, 80, 84, 93, 104, 109, 125, 129, 131, 1
138, 152, 169, 170, 174, 181, 194, 199, 215, 219, 232, 235. Andanson 1
239, 241. - CIRIP : 120, 123, 142, 145, 147, 150, 204, 212. - Collect
Viollet : 121. - ECPA : 107, 116, 132, 141, 148. - Explorer : 119. - Girau
(archives de Gaulle) : 18 gauche, 18 droite, 23, 29, 61, 62, 100, 164, 1
193. - coll. part. : 21, 52. - archives Larousse : 32, 36, 39, 40, 43, 44, 45,
55, 68, 71. - Institut Charles de Gaulle : 14, 227. - Magnum : photos Geo
Rodger : 89, 103, 115, 211, 224. - Photothèque : 163. - SIPA Press :
Mondial : 185, 228. - Valtat : 243. - Sygma : 16, 97, 155, 161, 173, 178, 1
203, 207, 220, 223, 233, 237, 238.

Photos de couverture :
ÉRIC LESSING/MAGNUM
BRUNO BARBEY/MAGNUM

Maquette : Atelier d'édition européen – Paris – 2ᵉ

Cet ouvrage a été achevé d'imprimer
sur les presses de l'imprimerie Clerc (Saint-Amand Montrond)
Dépôt légal : 8004.06.92 - 29.12.1202.01/0
ISBN : 2.01.019276.1

Loi n° 49.956 du 16 juillet 1949 sur les publications
destinées à la jeunesse.